URTÜMLICHE BERGTÄLER DER SCHWEIZ

URTÜMLICHE BERGTÄLER DER SCHWEIZ

NATUR, KULTUR, GESCHICHTE. MIT 45 WANDERUNGEN

MARCO VOLKEN

atVERLAG

Val Ferret.

«MIT DER EINEN HAND PFLÜCKT MAN DIE FRÜCHTE ITALIENS,

Val Colla.

MIT DER ANDERN
DIE MAGEREN KRÄUTER
VON GRÖNLAND.»

Leonhard Meister,
Historisches Geographisch-
Statistisches Lexikon
von der Schweiz, 1796,
zum Stichwort Alpen.

Val Colla.

«ÜPPIGE UND DOCH UNGEZÄHMTE ANMUT»

12

Die Siedlung Gerra
im Seitental Calnègia.

VAL BAVONA

Blick von oberhalb Foroglio talauswärts. Das Val Bavona ist
ein eiszeitliches Trogtal wie aus dem Lehrbuch.

EINES DER UNGEWÖHNLICHSTEN TÄLER DER ALPEN

Was die Natur nicht schon für Einfälle hatte. Zum Beispiel ganz zuhinterst im Valle Maggia. Dort stellte sie vor vielen Jahrmillionen eine riesige Masse Gneis hin. Darin hobelte sie später mit ihren Gletschern geduldig einen 2000 Meter tiefen Graben frei. Dann zog sie das letzte Eis ab, legte in der Talsohle einen Bach an und kleidete jede noch so kleine Ebenheit, selbst in den steilsten Wänden, mit Bäumen aus. Über die fertige Landschaft liess sie einige Bergstürze niedergehen und warf schliesslich unzählige Gesteinsbrocken ab, manche so gross wie Mehrfamilienhäuser. Fertig war eines der ungewöhnlichsten Täler der Alpen.

Vor vermutlich tausend Jahren kamen die ersten Menschen ins Val Bavona. Sie schauten sich um; vielleicht, wer weiss, schüttelten sie den Kopf. Und begannen, hier und da etwas zu bauen: Unterstände, Wohnhütten, Ställe, alles aus Stein. Sie schlugen Wege aus dem Wald und in den Fels, erstellten kühne Treppen, vergrösserten ihre Bleiben zu Siedlungen. Sie lebten von und mit ihren Weidetieren, da und dort konnten sie einen kleinen Acker anlegen, ansonsten gab der Boden wenig her. Mit den Kastanien und der Polenta reichte es den meisten Familien – wenn auch nicht allen – fürs Überleben.

Ab der Mitte des Jahrtausends nahmen die Naturkatastrophen zu, die Lawinen, Erdrutsche und Hochwasser. Und das Klima verschlechterte sich, wodurch der Boden auch weniger Gras und Heu hergab. Die Einwohner begannen, den Winter ausserhalb des Tals zu verbringen, in Cavergno und Bignasco. Nicht alle, und auch nicht plötzlich, sondern allmählich, über Generationen hinweg. Um 1700 überwinterte praktisch niemand mehr im Bavona, es war sogar behördlich verboten. Die strenge Winterpause dauerte aber nur kurz, von Mitte Dezember bis Mitte Januar, dann gingen die Ersten wieder ins Tal hinein. Anschliessend, von März bis November, fand das Leben gleichzeitig auf mehreren Etagen statt: Wenn beispielsweise das Vieh auf der Alp weidete, stand gleichzeitig anderswo das Wildheuen an, Feldarbeiten auf den unteren Stufen, die Pflege der Äcker und der Kastanien oder Ausbesserungen im Dorf. So wanderten Frauen, Männer und Kinder ständig wie Nomaden zwischen dem Talboden, den Zwischenstufen und den hoch gelegenen Sommeralpen hinauf und hinunter. Manchmal kamen so zur eigentlichen Arbeit täglich vielleicht noch 3000 Höhenmeter oder mehr hinzu.

Von aussen betrachtet, zeigte sich die Anwesenheit der Menschen erst bei näherem Hinschauen – nur einzelne Dörfer und Alpställe liessen sich ausmachen, und selbst die, aus Stein gebaut, verschmolzen oft mit der felsigen Umgebung. Alles andere verbarg sich im flächendeckenden Wald. So bot das Val Bavona dem flüchtigen Betrachter einen nahezu unberührten und unbesiedelten Anblick.

DIE IDYLLE
EINE LÜGE?

Die seltenen Reisenden, die sich hierher verirrten, konnten sich dem Zauber dieser seltsamen Landschaft kaum entziehen. Viele waren sogar hingerissen, darunter der Brite Douglas Freshfield, einer der damals besten Kenner der Alpen und unermüdlicher Erforscher abgelegener Bergtäler. Wie er in seinem Werk «Italian Alps» von 1875 erzählt, sass er einmal vor einer Kapelle oberhalb von Bignasco und schaute ins Val Bavona. «Die kühnen, dunklen Umrisse der Granitabstürze, die über der üppigen und doch ungezähmten Anmut des Tals hängen, wecken mit ihren starken Gegensätzen unsere Emotionen. Diese Vermählung zwischen der Majestät der Schweizer Alpen und der Schönheit Italiens erregt in uns eine Begeisterung weit über jene ruhige Anerkennung hinaus, die wir den grössten Werken der Romantik zollen, ob in der Kunst oder in der Natur. Wir können gelassen eine reiche Seenlandschaft oder eine umbrische Madonna betrachten; vor einer Figur von Michelangelo oder diesem Anblick im Valle Maggia sind wir geneigt, vor Freude zu schreien.» Im Val Bavona erblickte Freshfield eine Art Garten Eden, wesentlich schöner als nette Romantik, das «hässlich langweilige» Oberengadin, Chamonix oder der Monte Rosa.

Und die Einheimischen? Ob auch sie ab und zu innehielten, ihre vertraute, alltägliche Umgebung anschauten und sie als anmutig empfanden? Oder gar als Paradies? Ganz klar nein, fand Plinio Martini (1923–1979), Schriftsteller aus Cavergno. Er räumte rabiat auf mit der heilen Welt der Stammväter der Tessiner Literatur, Francesco Chiesa und Giuseppe Zoppi, diesen «bejubelten Hofnarren, aus deren Federn Schmetterlinge Blümlein Bächlein entstehen, für deren Bewunderung unsere Alten nie die Zeit gehabt haben».

«In unserer gebirgigen Abgeschiedenheit ist die Idylle fast immer eine Lüge», so Martini 1969, «leider.» Ein Jahr später veröffentlichte er sein berühmtestes Buch, das unter dem Titel «Nicht Anfang und nicht Ende» auch in der Deutschschweiz Anklang und Beachtung fand. Eigentlich eine schonungslose Geschichte über eine gescheiterte Liebe und ein halbwegs gescheitertes Leben zwischen Unglücken, Unfällen, Hunger und bitterer Not. «Was seinem Bericht eine in der ganzen Tessiner Literatur seltene Kraft und Authentizität gibt, ist die genaue, direkte und von unterdrücktem Zorn vibrierende Schilderung des elenden Lebens, das die armen Bauern des Maggiatals in die Emigration treibt: der ewige Hunger, die gefährliche harte Arbeit, die Frauen, die an ihren vielen Geburten verbluten, die Männer, die beim Wildern abstürzen, die unterernährten Kinder, die von Bäumen und in Schluchten fallen, vom Wasser verbrüht oder vom Feuer verbrannt werden oder an Diphterie und Keuchhusten sterben», urteilte Alice Vollenweider in einem Nachruf auf Martini. Gemäss der Romanistin und Übersetzerin trug das Buch viel dazu bei, «die Klischeevorstellung vom heiteren Ferienkanton Tessin

Sonlerto, eine der zwölf Terre
des Val Bavona.

Gleich am Taleingang, keinen Kilometer nach Cavergno, kommt man
an der **CAPÈLA DLA VARDA** vorbei, die sich an einen schützen-
den Felsblock lehnt. Sie ist eine von vielen Sakralbauten am alten
Saumweg und hat ihre ganz eigene Geschichte. An dieser Stelle
war der Durchgang zwischen Fels und Bach besonders eng und der
Weg damit sowohl den Fluten der Bavona wie dem Steinschlag
ausgesetzt. Daher auch der Name: Varda bedeutet im Dialekt so
viel wie «schau» oder «pass auf». Neben der nötigen Vorsicht
konnte wohl auch etwas Hilfe von oben nicht schaden. Beim zügigen
Durchqueren des Wegabschnitts sollen die Passierenden jeweils
laut ein Vaterunser, ein Ave Maria und ein Gloria vor sich hergesagt
haben, um sich Gottes Schutz zu sichern. Das Hauptfresko der
Kapelle zeigt eine blutende Madonna und ihr zu Füssen, kniend und
betend, den Stifter, einen gewissen Gio(vanni) Battista Martini.
Eine Inschrift mahnt, in Todesgefahr die heilige Maria anzurufen.
Im Vergleich zur Skizze von Johann Müller-Wegmann aus dem
Jahr 1873 fehlen heute die talseitigen Felsblöcke, sie mussten in
den 1950ern der neuen Strasse weichen.

Nochmals Sonlerto.
So schlicht die Wohnhäuser
im Bavonatal auch sind, oft
weisen sie bemerkenswerte
bauliche Details auf.

VAL BAVONA

18

Calnègia, das hinterste Maiensäss im gleichnamigen Tal.
Arnoldo und Maria Dadò, die letzten Älpler des Bavonatals,
verbrachten hier jeweils die Zwischensaison.

zu korrigieren, die – wie das Musical ‹Ciao Ticino› vor Kurzem noch peinlichst demonstriert hat – in der Deutschschweiz weit verbreitet ist». Für die Neugierigen: Das Musical von Hans Gmür umfasste Lieder wie «Ticinesi son bravi soldà», «Addio la caserma», «Ich stah uf Fraue wo scho Drissgi gsy sind», «Uf d'Pauke haue», «Risotto-Lied», «Boccalino-Lied», «Alli mit-cho!» (Polonaise), «In Ticino es git au no Ticines!», «Bella bambina» oder «Es isch so schön (vo Züri furt z'sy)».

Die drastischen Szenen hatte Martini dem Schicksal seiner Familie abgeschaut. Zum Beispiel jenem seiner Grossmutter: Vier ihrer Brüder starben auf den Alpen, zwei Schwestern blieben bis an ihr Lebensende verkrüppelt, eine weitere Schwester fand den Tod in einem Kessel mit heisser Lauge. Eine Tochter starb in den Fluten der Bavona, ein Sohn in Kalifornien, «wie genau, weiss man nicht».

Für die Schönheit des Val Bavona haben die Protagonisten von «Nicht Anfang und nicht Ende» weder Musse noch Augen. Allenfalls freuen sie sich, wenn nach tagelangem Regen endlich wieder die Sonne scheint. Martinis Werk war allerdings ein literarisches, kein historisches. Nahmen die Bavonesi ihre Landschaft tatsächlich so zornig oder bestenfalls regungslos hin, wie er es beschrieb, als eine mühselige Tatsache und basta? Mehrere Zeitgenossen fanden denn auch, Martini hätte es etwas übertrieben, ihr Leben in den 1930ern sei nun doch nicht ganz so schlimm gewesen. Von einer Idylle sprach aber keiner von ihnen. Die war eindeutig eine Erfindung der Touristen.

NEUE NOMADEN

Um etwa 1900 setzte der Niedergang der Alpwirtschaft ein. Sukzessive gaben die Älpler auf, Nachfolger fanden sich keine. Immer weniger Familien besassen noch das, was man Hausvieh nannte, typischerweise zwei Kühe und ein Dutzend Ziegen. Weshalb sie auch nicht mehr jedem Grashalm nachrennen mussten.

Die letzte noch bestossene Alp – von einst zwei Dutzend – war jene von Formazzöö im Calnègia, dem grössten Seitental. Dort sömmerten Arnoldo und Maria Dadò Jahr für Jahr rund 15 Kühe, 100 Ziegen und zehn Schweine auf verschiedenen Stafeln. Auf jenem von Gannaccia verfügten sie nicht einmal über einen Wohnstall, sondern hausten unter den Blöcken eines Felssturzgebiets. 1972 zogen sie sich von der Alp zurück, stiegen mit weniger Tieren aber noch immer bis zum hintersten Maiensäss. Als 1987 ein Hochwasser einen Teil der Ställe mitriss, gaben sie die Stufenwirtschaft endgültig auf. Arnoldo kehrte fortan nur noch für seine privaten Sommerferien ins Tal zurück, wo er oft anzutreffen war – als Original genoss er im Tessin durchaus eine gewisse Bekanntheit. Mit ihm starb 2002 der letzte Zeuge einer tausendjährigen Alpwirtschaft.

Die Nachkriegsgeneration hatte der mühseligen Landwirtschaft den Rücken gekehrt, sie verdiente ihr Auskommen nun in der Fabrik, auf dem Bau oder im

Büro. Die Weiden vergandeten, und mit ihnen eine ganze Kultur. Ein Jahr nach Dadòs Tod meinte Luigi Martini, der Bruder des Schriftstellers, nach der Aufgabe der Alpen sei man nun dabei, die Erinnerungen auferstehen zu lassen. «Die einen, vielleicht jene, die das alles nicht durchgemacht haben, tun es mit einer pauschalen Wehmut, aufgrund der Erzählungen der Eltern; andere tun es einfach aus Neugier; ich mache es, weil mir unsere Geschichte gefällt.»

Kurioserweise, oder vielleicht sinnigerweise, hat das Nomadische längst eine neue Bedeutung erhalten. Es heisst nun Ferien. Während im Winter bloss eine knappe Handvoll Menschen dem Tal treu bleiben, füllt es sich im Sommer mit Leben. Im Juli und August verbringen etwa 400 Personen ihre arbeitsfreie Zeit im Val Bavona – ehemalige Einheimische, die ein Haus geerbt haben, aber auch Auswärtige, die das Glück hatten, eines zu erwerben. Sobald die Schatten länger werden und die Tage kühler, packen sie ihre Dinge ins Auto, ziehen weg und kommen im Jahr darauf wieder.

ABER DIE SPUREN BLEIBEN

Das sichtbarste Erbe der alten Baukultur bilden die Terre, die zwölf Weiler im Talboden, von Mondada über Fontana, Foroglio, Roseto und Sonlerto bis San Carlo. Schlichte Steinhäuser, meist kompakt gruppiert auf einer Lichtung entlang des alten Feldwegs, der 1957 zur Strasse ausgebaut wurde. Sie gehören zu den schönsten Siedlungen des Tessins. Trotz gelegentlicher Geranien oder nostalgisch inszenierter Gerätschaften haben sie ihre Ursprünglichkeit bewahrt. Manches Haus verfügt im Innern nicht einmal über fliessendes Wasser, weshalb sich das Spülbecken mit Seife, Pfannenreiniger, Zahnbürsten und Rasierspiegel an der Aussenmauer befindet. Auch eine Steckdose sucht man vergebens: Mit Ausnahme von San Carlo verwarfen in den 1960ern sämtliche Terre das Angebot der Elektrizitätswerke, im Rahmen des Ausbaus der Wasserkraft auf Robiei das Tal ans Stromnetz anzuschliessen. Und so kommt es, dass über ihren Köpfen Energie für die halbe Schweiz produziert wird, während sie selbst mit Holz heizen und Solarzellen nutzen, um abends ein Buch zu lesen. Zwölf Dörfer am Stück, nur im Sommer bewohnt, stromfrei und intakt: Das gibt's wohl nirgends sonst im Alpenraum.

Wer mit wachem Auge das Bavona durchstreift, kann noch weitere bauliche Spuren entdecken. Kaum eine Alp lässt sich auf normalen Pfaden erreichen, insbesondere auf der linken

HÖCHSTER PUNKT
Basòdino, 3273 m

TIEFSTER PUNKT
Einmündung in die Maggia bei Bignasco, 432 m

HAUPTFLUSS
Bavona

HAUPTBAUMARTEN
Lärche, Buche, Kastanie, Birke, Weisserle

SCHUTZGEBIETE
BLN-Landschaft Val Bavona, Auengebiete Sonlèrt-Sabbione und Calnègia, Landschaftsschutzgebiet Val Bavona

SIEDLUNGEN
Mondada, **Fontana**, Alnedo, Sabbione, Ritorto, Foroglio, Roseto, Fontanellata, Faedo, Bolla, Sonlerto, San Carlo

SCHÜTZENSWERTE ORTSBILDER
Mondada, Fontana, Sabbione, Ritorto, Foroglio, Roseto, Fontanellata, Faedo, Sonlerto, San Carlo

DAUERHAFT BESIEDELT BIS ETWA
960 m

TYPISCHE FAMILIENNAMEN
Balli, Dadò, Dalessi, Inselmini, Martini, Tonini, Zanini

Viele Häuser – wie dieses
in Sonlerto – verfügen
weiterhin über kein fliessendes Wasser im Innern.

«Prato pensile» am Weg
zwischen Fontana und
Sabbione. Elf Treppenstufen
und zwölf eingeritzte Tritt-
stufen führen auf den acht
Meter hohen Felsblock.

Talseite. An vielen Stellen waren aufwendige Kunstbauten erforderlich: aufge-
schichtete Wegtrassees, Plattenschüsse mit eingeritzten Tritten, aus Steinplatten
gefertigte Treppen über dem Abgrund. Obwohl die Wege einst auch von Grossvieh
begangen wurden und sie sich teilweise noch in gutem Zustand befinden, bleiben
sie eine ausgesetzte Angelegenheit. Wie im engen Tobel des Valle di Foiòi, wo Giuseppe Zan Zanini im 19. Jahrhundert in dreissig Jahren Älplerleben 29 Kühe durch
Absturz verlor.

Ein weniger kühnes, aber mindestens so interessantes Beispiel für die Ver-
wendung jeder erdenklichen Nutzfläche stellen die «prati pensili» dar, im Dialekt
auch «pradói», «balói» oder «giarditt» genannt: auf Felsblöcken angelegte Gärten,
oft nur über eine kleine Steintreppe erreichbar. Mal dienten sie der Gewinnung
von Heu, mal dem Anbau von Getreide, Kartoffeln oder Gemüse, da und dort gab's
auch mal eine kleine Blumenrabatte fürs Auge. Man findet sie sowohl in den Dörfern wie mitten im Wald – einfach überall dort, wo sich ein Block dafür eignete.

Eine kürzliche Inventarisierung kam auf rund 150 dieser winzigen Äcker, die meisten zwischen 10 und 50 Quadratmeter gross, und auf eine gesamte Nutzfläche von rund 65 Aren, nicht ganz so viel wie ein Fussballfeld. Ein Drittel der hängenden Wiesen wird noch bewirtschaftet, auf mehr oder weniger traditionelle Art, die übrigen kehren allmählich in ihren Urzustand zurück.

Dann wären noch die Splüi. So heissen die Unterstände, Wohnhütten, Ställe und Vorratskeller, die in den Hohlräumen unter und zwischen den Felsblöcken eingerichtet wurden. Sie nutzen die vorhandenen Gesteinsbrocken auf geschickte Weise; oft reichte eine zusätzliche Trockenmauer, um daraus einen geschützten und einigermassen geschlossenen Raum zu schaffen. Man findet solche Unterfelsbauten zwar im ganzen Tessin und anderswo im Alpenraum, hier aber in besonderer Zahl, Grösse, Vielfalt und Schönheit, selbst in hohen Lagen oberhalb der Baumgrenze. Einige davon umfassen sogar mehrere eigenständige Kammern und Räume. Mehr als vierhundert sind es, über hundert allein im bei Foroglio abzweigenden Val Calnègia.

Ganz zuhinterst im Bavona, gut versteckt, befinden sich noch die Überreste einer weiteren Terra, Presa. Als im 17. Jahrhundert ein Bergsturz drohte, gaben die Bewohner ihre Siedlung auf und bauten etwas weiter unten, auf der anderen Seite der Bavona, eine neue – das heutige San Carlo. Daraufhin geriet Presa in Vergessenheit und wurde still und leise vom Wald verschluckt. Zwei kürzlich restaurierte Häuser und mehrere Informationstafeln vermitteln ein gutes Bild der damaligen Umstände, daneben steht noch die sehenswerte, seltsam proportionierte Kirche – eher eine Kapelle mit überdimensioniertem Turm. Noch interessanter sind allerdings die Grundmauern der übrigen Bauten, die nach und nach verfallen und dem verlassenen Weiler eine sonderbar stille, fast endzeitliche Atmosphäre verleihen. Sie stehen sinnbildlich für ein Tal, in dem Natur und Kultur fliessend ineinander übergehen.

23

Auf der linken Talseite sind sämtliche Seitentäler
eng eingeschnitten oder gar regelrechte Schluchten.
Der Eingang zum Valle di Foiòi.

WO, WIE, WAS?

Splüia Bèla, Val Calnègia.

ANREISE Von Locarno mit dem Bus nach Bignasco oder Cavergno | Ab dort bedient ein etwas kleineres Postauto das ganze Tal bis San Carlo (rund vier Kurse täglich).

BESONDERE ORTE Die Terre, insbesondere Fontana, Sabbione, Foroglio (mit bekanntem Wasserfall), Roseto und Sonlerto | Bergsturzgebiet rund um die Kirche von Gannariente | Die verlassene Terra von Presa (oberhalb von San Carlo) | Val Calnègia (siehe Wandertipp) | Seenplatte von Robièi, ab San Carlo mit Seilbahn erreichbar | Museo di Valmaggia in Cevio (www.museovalmaggia.ch)

ANLÄSSE Processione di Gannariente jeweils am ersten Sonntag im Mai | Festa dei Polli in San Carlo (Juli) | Die Fondazione Valle Bavona organisiert zahlreiche Anlässe und Führungen (www.bavona.ch)

BESONDERE UNTERKÜNFTE Capanna Piano delle Creste

THEMENWEGE Zwei Sentieri di Pietra: «La Val Bavona e la transumanza» von Cavergno nach Foroglio sowie die schwierigere Fortsetzung «La Val Calnègia tra dirupi e pietraie»

EINKAUFEN In Cavergno Metzgerei mit Lebensmittel sowie Fair-Trade-Weltladen mit Lebensmitteln | In Cevio Bäckerei, Spezialitätenladen (Val Magìa), Coop-Supermarkt und grosser Kiosk

WANDERFÜHRER Thomas Bachmann, «Vallemaggia. Wandern in einem spektakulären Tessiner Tal», Rotpunktverlag 2012

LESETIPPS Belletristisch: Plinio Martini, «Nicht Anfang und nicht Ende» sowie «Requiem für Tante Domenica», beide im Limmatverlag | Nostalgisch: Federico Balli/ Giuseppe Martini, «Valle Bavona, ein Hauch vergangener Tage», ein schöner Band mit alten Aufnahmen, leider vergriffen, aber im Tal noch da und dort erhältlich

INFORMATIONEN Ascona-Locarno Turismo, mit Hauptsitz in Locarno und einem Infopoint im Centro Punto Valle in Avegno eingangs Valle Maggia, Telefon 091 759 77 26, www.ascona-locarno.com

Weg bei Sabbione.

TALWEG

WUNDERBARER AUSFLUG IN EINE
KRÄFTIGE NATUR, AUF DEN VIELFÄLTI-
GEN SPUREN DER TRADITIONELLEN
BESIEDLUNG. VIELE TRAUMHAFT
SCHÖNE DÖRFER.

CHARAKTER Meist gute Talwege, da und
dort etwas ruppig oder steinig (T1/T2)
WANDERZEIT 4 Std.
AUSGANGSPUNKT San Carlo, Haltestelle
Ponte (936 m)
ENDPUNKT Cavergno (455 m)
ROUTE Von der Brücke am Dorfeingang
von San Carlo abseits der Strasse zur
Kirche von Gannariente, die sich mitten
im Ablagerungsgebiet eines alten Berg-
sturzes befindet. Etwas später erreicht
man die stattliche Terra von Sonlerto
(Rundgang lohnend). Weiter auf dem Wanderweg zu einer Brücke über die Bavona
und über Serta nach Faedo. Nun durch
ein Waldstück und auf elegantem Weg
nach Roseto (ist der Abschnitt wegen
Steinschlags gesperrt, ab Faedo auf die
Strasse ausweichen). Nach Roseto rechts
der Bavona weiter und nach Foroglio
mit dem Wasserfall. Über die Dorfbrücke
und gleich nach rechts, eine Weile der
Bavona entlang. Nach Ritorto hinüber,
kurz darauf links von der Strasse weg
und durch den Wald hinauf. Am «Splüi
di Inselmitt» vorbei und hinab zum oberen
Teil von Sabbione. Erneuter Aufstieg in
den Wald, eine Weile auf der Höhe blei-
bend zum «Splüi di chièuri» und wieder
hinab nach Fontana, wo sich ebenfalls
ein Rundgang lohnt. Dann oberhalb von
Mondada zu den Mulini, nochmals über
die Bavona und talauswärts. Zuletzt
führt eine Hängebrücke nach Cavergno.

VAL CALNÈGIA

DAS GRÖSSTE SEITENTAL DER BAVONA
IST EINE FELSIGE LANDSCHAFT MIT
RIESIGEN BLÖCKEN, DIE SICH FINDIGE
MENSCHEN ZUNUTZE ZU MACHEN
WUSSTEN.

CHARAKTER Gute Bergwege (T2)
WANDERZEIT 2¼ Std. bis Gerra und
zurück, nochmals 1 Std. für den Abstecher
nach Calnègia
AUSGANGS-/ENDPUNKT Foroglio (682 m)
ROUTE Durch die Gassen zum westlichen Dorfrand. Dort nicht nach links
Richtung Wasserfall, sondern nach rechts
und durch dichten Wald zügig die Flanke
hinauf. Ein Abschnitt mit Kunsttreppe
ist mit Seilgeländer gesichert. An einer
Kapelle vorbei nach Puntid, der Schwelle
zum Val Calnègia. Auf einer eleganten
Steinbrücke über den Bach. Der Weg führt
nun südlich des Wasserlaufs, also auf der
schattigen Talseite, durch schönen Wald.
Plötzlich zeigt sich auf der gegenüberliegenden Bachseite, im Schutz eines
grossen Einzelblocks, die Splüia Bela,
die bekannteste Balmhütte des Tessins.
(Der Abstecher dorthin lohnt sich,
dazu muss man den Bach überspringen.
Eine Tafel erläutert die komplexe Anlage.)
Später gelangt man zu einer weiteren
Brücke und nach rechts zum stattlichen
Weiler Gerra mit all seinen Steinhütten
und Kellern am Fuss der Felsblöcke,
teilweise sogar unter den Felsen und im
Erdinnern angelegt. Zurück zum Haupt-
weg und in Bachnähe zur Hüttensamm-
lung Calnègia, am Ende des ebenen
Talabschnitts gelegen und ebenfalls eine
Besichtigung wert.

CAPANNA PIANO DELLE CRESTE

EIN BIJOU VON HÜTTE, AUS EINEM
ALTEN ALPGEBÄUDE AM FUSS
DES BASÒDINO GEWONNEN UND
VON FREIWILLIGEN BEWARTET.
EINE REISE WERT.

CHARAKTER Einfache Bergwanderung
(T2). Unterwegs werden zwei Bäche
ohne Brücken überquert, Vorsicht nach
starken Niederschlägen.
WANDERZEIT Aufstieg 3½ Std.,
Abstieg 2¼ Std.
AUSGANGS-/ENDPUNKT San Carlo,
Haltestelle Ponte (936 m)
ROUTE Der Weg setzt bei der Brücke
eingangs San Carlo an, gleich neben
einem Bildstock. Er führt zuerst gemütlich durch dichten Wald und dreht
dann nach rechts, um mittels Stein-
treppen eine Steilstufe zu überwinden.
An Olmo vorbei zum Maiensäss auf
rund 1500 Metern, wo man den geschlossenen Wald verlässt. Nun durch lichte
Vegetation zu einem ersten Bach, dann
zu einem zweiten. Kurz darauf erreicht
man den Corte Grande, einen wunder-
schönen Rastplatz mit Brunnen. Die Aussicht ist nirgends so unverstellt wie
hier. Anschliessend über liebliche Weiden
und an einem malerischen Flachmoor
vorbei zur Capanna Piano delle Creste
(www.sav-vallemaggia.ch), die sich auf
einem Rücken auf 2107 Metern befindet.
VARIANTE Lohnend sind der Abstecher
von der Hütte zu den Laghetti d'Antabia
sowie der etwas längere und schwierigere
Abstieg via Alpe di Solögna nach Roseto.

EIN TAL SCHÜTZT
SICH SELBST

Im hinteren Binntal.

Lichtverschmutzung kennt man im naturbelassenen Binntal nicht.

GESCHÜTZTE LANDSCHAFT – SEIT GENERATIONEN

Wenn Ihnen ein Oberwalliser auf Anfrage erzählt, er sei vom «Bi», dann ist das weder eine unhöflich hingemurmelte Antwort noch eine obskure Abkürzung. Sein Dorf ist einfach «ds Bi». Für Nichteinheimische: Binn. Weshalb ich das so genau weiss? Weil meine Grossmutter von dort stammte. Und jedes Mal, wenn mich jemand aus der Deutschschweiz danach fragte, sagte ich: «Mine Papa isch im Bi giboru.» Meist schauten mich dann grosse, fragende Augen an. Wenn ich aber «Binntal» sagte, fragten die Augen nicht, sie leuchteten mir oft entgegen. Denn das Binntal ist bekannt. Selbst bei denen, und das sind viele, die noch nie dort waren. Es weckt Assoziationen an eine besonders naturnahe, abgelegene Landschaft. Irgendwo im Goms oder so.

Naturnah ist das Binntal tatsächlich. Und das ist kein Zufall. Bereits 1964 stimmten die Binner mit grossem Mehr einem Vertrag mit dem Walliser Bund für Naturschutz und der Sektion Monte Rosa des Schweizer Alpen-Clubs zu. Darin verpflichtete sich die Gemeinde, mehr als 70 Prozent ihrer Fläche für die Dauer von hundert (!) Jahren unter Schutz zu stellen. Sie verzichtete so auf Bergbahnen, auf neue Strassen – ausser für Land- und Forstwirtschaft –, auf Ferienhaussiedlungen, auf die lukrative Nutzung der Wasserkraft. Der damalige Gemeindepräsident Karl Imhof: «Der Hauptgrund, weshalb wir den Vertrag unterschrieben haben, ist doch sicher der, dass wir die Verstädterung zahlreicher Bergtäler als Folge des Vollausbaues sehen und unser Tal vor diesem Schicksal bewahren wollen.» Eine für jene Zeit pionierhafte Weichenstellung. «Das Binntal schützt sich selbst», titelte deshalb die Zeitschrift des Schweizer Heimatschutzes. Mehr als fünfzig Jahre später zeigt sich, wie weitsichtig der Vertrag war – insbesondere, wenn man die Talschaft mit anderen Regionen in den touristischen Grosskantonen Graubünden, Bern, Wallis und Waadt vergleicht.

Anno 2011 folgte der nächste grosse Schritt, als der Bund das Gebiet als Regionalen Naturpark anerkannte – als einen von derzeit 15 in der Schweiz. Solche Pärke verpflichten sich, Natur und Landschaft zu erhalten, ebenso den Charakter der Dörfer und Siedlungen, für eine nachhaltige wirtschaftliche Entwicklung einzustehen und die Umweltbildung und Sensibilisierung zu fördern. Sie dienen also nicht einseitig dem Schutz, sondern sollen auch eine massvolle Nutzung unterstützen. Im Fall des Landschaftsparks Binntal – so die offizielle Bezeichnung – beteiligen sich mehrere Gemeinden am Vorhaben, etwa Grengiols oder Ernen; das Binntal ist aber eindeutig das Herz dieses ersten Naturparks im Wallis.

Zur Aufbruchsstimmung, die man seit einigen Jahren vor Ort spürt, hat der Park entscheidend beigetragen. Da und dort entstehen Initiativen, spannende touristische Angebote, kleine Gastbetriebe. Gemäss einer Studie der ETH Zürich von 2018 lösen die Aktivitäten des Parks bei der lokalen Wirtschaft eine Wertschöp-

LA VALLÉE DE BINN

«VALLÉES PERDUES» hiess ein 1947 erschienenes dreibändiges Werk über Turtmann-, Binn- und Lötschental. Beim Binntal zierte nicht eine Talansicht das Titelblatt, sondern eine pfeifenrauchende Bäuerin. Weiblicher Tabakgenuss war auch dem Ethnografen F. G. Stebler aufgefallen. In seiner Monografie «Das Goms und die Gomser» (1903) berichtete er: «Sehr bedeutend ist der Konsum an Tabak, und zwar tun es im mittleren Goms, im Fieschertal und im Binntal die Frauen und Mädchen den Männern gleich oder übertrumpfen diese sogar noch (…). Sogar die jungen Mädchen rauchen, und wenn sie mit ihren Anbetern tanzen, so haben sie eine Zigarre im Munde, denn ein ‹edles Kraut ist der Tabak›, heisst es in einem alten Liede. Man ist durchaus nicht der Ansicht, dass dies dem ‹Ewig Weiblichen› Eintrag tue. Übertroffen werden die Gommerinnen aber noch von ihren Nachbarinnen im Formazzatal, die nicht nur rauchen, sondern auch schnupfen und ‹schiggen› (Tabak kauen). Ähnlich in Grengiols, wo bei allen weiblichen Personen vom 16. Lebensjahr bis zur Urgrossmutter das Pfeifenrauchen im Gebrauche ist, während die Männer der Gewohnheit teilweise entsagt haben.»

«Ein Schifflein ist des Menschen Herz, mit seiner Lust und seinem Schmerz / fährt ohne Rast und Ruh, dem Land der Hoffnung zu.» Altes Postgebäude in Schmidigehischere. Das Dorf liegt gut versteckt am Ende der Twingischlucht (oben).

fung von rund 3,7 Millionen Franken pro Jahr aus, was immerhin etwa vierzig Vollzeitstellen entspricht. Auch die kulturellen Anlässe spüren den Rückenwind – wie die alljährlich stattfindenden Binner Kulturabende oder der Kunstparcours Twingi LandArt, die beide über die Region hinaus bekannt sind und Kultur- und Kunstinteressierte aus der ganzen Schweiz anlocken.

Der Park umfasst derzeit eine Fläche von rund 180 Quadratkilometern, inklusive dem weiterhin vertraglich streng geschützten Teil aus dem Jahr 1964. In Wirklichkeit endet er aber nicht an der Landesgrenze, sondern geht nahtlos in den benachbarten Parco naturale dell'Alpe Veglia e dell'Alpe Devero über. Die binationale Parklandschaft verbindet somit beide Seiten des Alpenkamms, Oberwallis und Piemont, und stärkt so den grenzüberschreitenden sanften Tourismus.

HINTER DER
WILDEN SCHLUCHT

Vom Goms aus ist das Binntälli, wie es im Wallis oft genannt wird, nicht einmal erahnbar. Es versteckt sich hinter einer langen Bergkette. Nur an einer Stelle ist die Kette durchbrochen, bei der Twingi. Durch diese Schlucht kann die Binna abfliessen, um nach weiteren Kilometern unter Ausschluss der Öffentlichkeit bei Grengiols in die Rhone zu münden. Die Strasse ins Binntal setzt aber nicht in Grengiols an, sondern viel weiter oben. Kurz vor Fiesch führt sie nach Ernen, schleicht sich dann von der Seite her nach Ausserbinn – so etwas wie ein Vorzimmer –, verschwindet dann im Berg, und am Ende des Tunnels taucht plötzlich die offene Talschaft auf.

Es war die Wildheit der Schlucht, die zum Bau des Tunnels zwang. Dazu lohnt sich ein kurzer Blick zurück. In den Jahren 1863/64 wurde zwischen Ernen und Binn ein Saumweg durch die Felsenge erstellt, eine ziemlich waghalsige und exponierte Verbindung, die nicht für Fuhrwerke gedacht war. Da sie aber regelmässig von Pferdewagen genutzt wurde, schritten die Behörden 1903 ein und verfügten ein Fahrverbot. Erst 1938 kam dann eine richtige Strasse, ebenfalls durch die Twingischlucht, und mit ihr fuhr erstmals ein Postauto nach Binn. Sie ist heute im Sommer als Wanderweg begehbar. Dennoch galt der Weg ins Binntal weiterhin als eine der gefährlichsten Strecken im ganzen Wallis, den Lawinen, Felsstürzen, Erdrutschen und dem Steinschlag ausgesetzt. Die Gedenkkreuze, die man unterwegs entdecken kann, erinnern an mehrere tragische Unfälle. Noch 1963 schrieb der «Walliser Bote»: «Zwei gewaltige Lawinen, die den gesamten Nordhang des Breithorns (der Wandfluh) ins Rutschen brachten, fegten mit solcher Gewalt in die enge, tiefe Twingischlucht hinunter, dass die Binntalstrasse, die sich mehr als hundert Meter über der engen Talsohle am gegenüberliegenden Felshang dahinzieht, auf einer Länge von insgesamt mehr als einem Kilometer mit Schnee und Bäumen buchstäblich begraben wurde. Ganze Felskuppen wurden kahlgefegt, zu Hunderten Bäume und Bäumchen entwurzelt, geknickt, entastet und geköpft, ein Bild totaler Zerstörung. Die Zahl der umgelegten Stämme auf der Talseite des

Lawinenniederganges, auf Gebiet der Gemeinde Grengiols, dürfte in die Tausende gehen; alles in allem ein eindrücklicher Anschauungsunterricht für solche, die noch immer der Meinung sind, der geplante Autotunnel durch die Twingi sei ein unverantwortlicher Luxus.»

Der Tunnel wurde im Dezember 1964 in Betrieb genommen, Binn erhielt endlich einen sicheren, ganzjährigen Anschluss ans Goms. Damit hätte dem grossen Tourismus die Tür weit offen gestanden. Doch wenige Monate davor hatten die Binner in kluger Voraussicht ihr Tal unter Schutz gestellt.

UNWEGSAME BERGE UND VERBINDENDE PÄSSE

Da wir nun durch den Berg sicher im Binntal angelangt sind, schauen wir uns doch einmal seine Landschaft an. Gleich beim Tunnelausgang gabelt es sich ein erstes Mal. Ein Tal sticht nach Süden und fächert sich später stark auf, es ist nur im Sommer bewohnt. Die Hauptstrasse führt hingegen ostwärts. Eine einigermassen zahme Talsohle, die Flanken links und rechts bewaldet, unspektakulär, dafür weit hinten ein markanter Hingucker, das Ofenhorn. Die Farben wirken satt, das Hellgrün der Wiese, das Dunkelgrün des Laubs. Nicht wie in mancher Region des Mittelwallis, wo Niederschläge spärlich, die Böden trocken sind. Suonen und aufwendige künstliche Bewässerungsanlagen kennt man hier nicht.

Was wir vom Talboden aus nicht sehen: die Berge im Süden. Sie sind bis rund 2000 Meter hinauf mit Schutzwäldern bedeckt. Darüber befinden sich grosszügige Hochebenen mit den Sommeralpen, dann steigen die Flanken nochmals an, werden allmählich zu Geröllfeldern und Felswänden. Eine raue Landschaft, auch eine unwegsame. Die Spitzen heissen Hillehorn, Scherbadung oder Schinhorn, aber gleichzeitig Punta Mottiscia, Pizzo Cervandone oder Punta di Valdeserta. Denn sie stehen auch halb im Piemont.

Zwischen diesen selten besuchten Gipfeln führen mehrere Übergänge ins Val Formazza und Antigorio, was dem Binn den Übernamen «Tal der sieben Pässe» eingetragen hat. Ein Pass sticht dabei hervor, der Albrun. Archäologische

HÖCHSTER PUNKT
Helsenhorn, 3273 m

TIEFSTER PUNKT
Ausgang der Twingischlucht, 1213 m

HAUPTFLÜSSE
Binna, Lengtalwasser

HAUPTBAUMARTEN
Fichte, Lärche, Föhre

SCHUTZGEBIETE
Landschaftsschutzgebiet Binntal, Landschaftspark Binntal, BLN-Landschaft Binntal, Moorlandschaft Albrun, Flachmoore Oxefeld und Blatt, Waldreservat Twingi

SIEDLUNGEN
Ze Binne, Wilere, **Schmidigehischere**, Giesse, Holzerhiischere, Fäld, Heiligkreuz

SCHÜTZENSWERTE ORTSBILDER
Schmidigehischere, Wilere, Fäld

DAUERHAFT BESIEDELT BIS ETWA
1700 m

TYPISCHE FAMILIENNAMEN
Gorsatt, Guntern, Imhof, Tenisch, Walpen, Welschen, Zumthurm

Im Westen des Tals dominiert das Breithorn. Durch dessen Rinnen
fegen jedes Jahr Lawinen in die Twingischlucht.

Funde legen nahe, dass er bereits in der Steinzeit zwischen 3900 und 3200 v. Chr.
als Handelsroute diente. Später benutzten ihn Kelten aus Oberitalien, um das
Binntal zu besiedeln. Und nochmals später waren es Binner, die als Walser in die
entgegengesetzte Richtung auswanderten – ebenfalls über den Albrun. Seit 2005
verbindet eine offizielle Partnerschaft die beiden Nachbargemeinden Binn und
Baceno und erinnert an diese lange gemeinsame Geschichte.

Aber auch auf den anderen Verbindungen – wie Ritterpass, Chriegalppass,
Geisspfad oder Grampielpass – waren dauernd Menschen und Waren unterwegs.
Und dies nicht immer im Einklang mit den Gesetzen und Zollvorschriften. Beson-
ders im Zweiten Weltkrieg muss es im hinteren Binntal ausgesprochen aben-
teuerlich zugegangen sein: So erzählt es Ludwig Imesch in seinem Roman «Die
Schmugglerkönigin vom Geisspfad» von 1946. Schmuggler, Grenzwächter, Solda-

Sei es am Fuss der Schinhorn-Gruppe, sei es anderswo:
Mineralien sind im Binntal allgegenwärtig.

Ein Tier hat beim Mässersee
seine Spur gezogen.
Ein Fuchs?

Dicht ist das Zusammenleben
in Schmidigehischere.

ten beider Länder, Partisanen, Flüchtlinge, Wilderer, rebellische Bergler und frei-
heitsliebende Älpler trafen hier aufeinander. Es waren Schauplätze vieler kleiner
Dramen und einiger grosser. Gross ist dort heute nur noch die Stille: Selbst unter
Liebhabern ruhiger, einsamer Berglandschaften sind der Chriegalppass und seine
Nachbarn so gut wie unbekannt.

URALTE DÖRFER

Kehren wir zum Talboden zurück. Er ist mit einigen Weilern gespickt. Eine
Ortschaft namens Binn sucht man allerdings vergebens. Das grösste
Dorf – jenes, wo das Postauto umständlich wendet und wieder wegfährt –
heisst Schmidigehischere. Weitere bewohnte Häusergruppen tragen die
Bezeichnungen Ze Binne, Wilere, Giesse, Holzerhiischere und Fäld; hinzu

kommt, am Ende eines Seitentals, die Sommersiedlung Heiligkreuz. Politisch teilen sich die Gemeinden Binn und Grengiols das Tal, wobei auf Grengiols nur Sommeralpen, Maiensässe und ein Teil von Heiligkreuz entfallen.

Wie so oft im Wallis bestehen die Dörfer aus eng aneinandergelehnten Holzhäusern. Besonders intakt, ja fast ein kleines Freilichtmuseum der Holzbaukunst ist Fäld am Ende der Hauptstrasse. Hier drehte der Genfer Regisseur Claude Goretta Mitte der 1980er-Jahre seinen Spielfilm «Si le soleil ne revenait pas» – weil er eine Kulisse benötigte, die wie im 1937 wirken sollte, dem Jahr der Romanvorlage von Charles Ferdinand Ramuz. Inzwischen wurde auch im Fäld das eine oder andere Haus ausgebaut, doch im Wesentlichen stammt die Bausubstanz noch immer aus der Zeit vor dem elektrischen Strom. Und so erstaunt es nicht, dass das Binntal 1985 den schweizerischen Landschaftsschutzpreis erhielt. Sechs Jahre später folgte noch der Heimatschutzpreis für die Sanierung des historischen Hotels Ofenhorn in Schmidigehischere.

EIN ELDORADO
FÜR MINERALIEN

Für Naturfreunde ist das Binntal zweifellos ein prächtiges Stück Landschaft, aber gewiss nicht das einzige in der Schweiz. Für Mineralogen ist es hingegen weit mehr: Es spielt in der Weltliga. Gemessen an den mehr als vierzig Mineralarten, die hier erstmals entdeckt wurden, gehört die Grube Lengenbach unweit von Fäld zu den zehn wichtigsten Fundstellen der Erde, andere Fachleute sehen das Binntal weltweit gar unter den Top 5. Was die Spezialisten hier antreffen, sind weder grosse Kristalle noch Edelsteine, sondern sehr seltene und oft winzige Arten, teilweise nicht einmal millimetergross. Rund zwanzig davon kennt man nur aus dem Binntal, sie wurden bislang nirgendwo sonst gefunden.

Der Weltruhm des Binntals setzte um 1850 ein, und es gab Zeiten, da Mineralogen aus aller Welt eine wichtige Einkommensquelle fürs Dorf darstellten. Abgeschlossen ist die Mineraliensuche übrigens nicht: Die Grube Lengenbach und andere Fundstellen gelten weiterhin als Brennpunkte der wissenschaftlichen Forschung – unter der Schirmherrschaft der örtlichen Forschungsgemeinschaft, an der sich die Gemeinde aktiv beteiligt.

Nebst dieser akademischen Tätigkeit hat auch der klassische Strahlerberuf eine lange Tradition. Professionelle Kristallsucher spüren bis heute an den abgelegensten Orten den Strahlen und weiteren Preziosen nach, schultern sie in schweren Rucksäcken ins Tal und bieten sie in Vitrinen feil. Es sind prächtige Stücke, die ihre Schönheit auch ohne Lupe offenbaren. Als Laie kann man sich kaum vorstellen, wie in der Dunkelheit des Berginnern derart funkelnde Formen und Farben überhaupt entstehen sollten.

Und so ist das ganze Binntal: Es steckt fast im Berginnern und funkelt.

WO, WIE, WAS?

Bei der Freichi, am Fuss
des Ofenhorns.

ANREISE Vom neuen ÖV-Knotenpunkt Fiesch
führt eine Postautolinie via Ernen (evtl.
umsteigen) nach Binn Dorf. Im Sommer und
Herbst werden auch Fäld und Brunnebiel
vom Bus bedient (siehe www.busalpin.ch).

BESONDERE ORTE Die Dorfkerne von Binn,
Fäld sowie der nahen Ortschaften Ernen und
Mühlebach | Twingischlucht | Geisspfadsee |
Halsesee (siehe Wandertipp Binntalhütte) |
Regionalmuseum Binn (im Sommer ohne
Aufsicht offen) | Mineralienmuseum in Fäld
(www.andre-gorsatt.ch)

ANLÄSSE Twingi LandArt (im Sommer und
Herbst) | Albrunmesse (am ersten Samstag
im August) | Binner Kulturabende (in der
zweiten Dezemberhälfte) | Festival Musikdorf
Ernen

BESONDERE UNTERKÜNFTE Sämtliche Hotels
und Gasthäuser (Hotel Ofenhorn, Pension
Albrun, Herberge Bärgkristall in Fäld,
Gasthaus Heiligkreuz) | Mittlenberghütte

THEMENWEGE Gesteinserlebnisweg (zwischen
Fäld und Mineraliengrube Lengenbach) |
Bibelweg (zwischen Binn und Heiligkreuz)

EINKAUFEN Dorfladen in Binn (Schmidige-
hischere) | In Ernen Dorfladen sowie
Verkaufsshop des Berglandhofs

WANDERFÜHRER Andreas Weissen, «Binntal –
Veglia – Devero», Rotpunktverlag 2015

LESETIPPS S. Corinna Bille, «Von der Rhone
an die Maggia», Rotpunktverlag 2011 |
Ludwig Imesch, «Die Schmugglerkönigin
vom Geisspfad», 1946 (trotz Neuauflage
1990 nur antiquarisch erhältlich; der Verein
Binn Kultur hat den Krimi als Hörbuch
herausgegeben)

INFORMATIONEN Tourismusbüro Binn
(zugleich Postagentur), bei der alten
Dorfbrücke, Telefon 027 971 50 50,
www.landschaftspark-binntal.ch

Der Blockbau ist typisch
für das ganze Wallis –
auch für die Siedlung Fäld.

WANDERUNGEN

TWINGI

MEHR ODER WENIGER AUF DER ALTEN STRASSE INS BINNTAL – ZUERST DURCH LIEBLICHE KULTURLANDSCHAFTEN, DANN DURCH EINE ENGE SCHLUCHT.

CHARAKTER Einfache Wanderung (T1). Das Teilstück durch die kleine Schlucht unterhalb Ausserbinn ist etwas schwieriger (T2), lässt sich aber bequem auf der Strasse umgehen.
WANDERZEIT 3 Std.
AUSGANGSPUNKT Ernen (1195 m)
ENDPUNKT Binn (1400 m)
ROUTE Von Ernen auf dem oberen Wanderweg, einem Strässchen folgend, zur Wasserleite Trusera. Man folgt der Suone eine Viertelstunde lang, um dann markiert zur Kapelle auf der Binnegga anzusteigen. Auf dem alten Saumweg, mit schönen Stützmauern versehen und bei Schmetterlingen beliebt, zur Siedlung Wengi und weiter nach Ausserbinn. Von dort auf steilem Weg in eine Schlucht

hinab und wieder hoch zu den Wiesen von Hubu; oder, einfacher und schneller, auf der Hauptstrasse (ohne Trottoir, aber verkehrsarm). Von Hubu abseits der Strasse weiter zur Steimatta. Beim Tunnelportal in die Twingischlucht einbiegen. Die alte Strasse zieht waagrecht und sehr velotauglich durch die Falten des Geländes. Von der Kühnheit des Trassees merkt man meist wenig, da die Flanke stark bewaldet ist. Doch da und dort lässt sich in die Tiefe blicken und feststellen, wie weit unten der Bach verläuft und wie stark er sich eingefressen hat. Am Ende der Schlucht gelangt man zu einem kleinen Speichersee und an den Weilern Ze Binna und Wilere vorbei schliesslich nach Binn.

BINNTALHÜTTE

VON EINEM INTAKTEN WEILER DURCH SANFT GENUTZTE LANDSCHAFTEN ZU DEN HOCHEBENEN DES HINTEREN BINNTALS – UND ZURÜCK AN EINER PERLE VON BERGSEE VORBEI.

CHARAKTER Bequeme, gut ausgebaute Bergwanderwege ohne nennenswerte Schwierigkeiten (T2)
WANDERZEIT Aufstieg 3 Std., Abstieg 2½ Std.
AUSGANGS-/ENDPUNKT Postautohaltestelle Fäld (1518 m)
ROUTE Von der Haltestelle durchs Dorf Fäld und auf dem markierten Wanderweg, der Alpstrasse meist ausweichend, zum Brunnebiel. Weiter taleinwärts zu den Ställen der Freichi. Es folgt eine kleine Schlucht, durch die sich der breite Flurweg schneidet. Bei einem Abzweiger den rechten Weg wählen, über einen Bach zum Chiestafel und etwas entschiedener

aufwärts. Man gelangt so zur Hochebene von Blatt, später zu jener des Oxefeld – beide sehr schön und offen. Ein letzter Abschnitt an grossen Felsbrocken vorbei leitet zur kürzlich renovierten SAC-Hütte auf 2265 Metern (www.cabane-binntal.ch). Auf gleichem Weg wieder hinab bis zum Chiestafel, dort aber die linke Brücke wählen, um so mit einem kurzen Gegenaufstieg zum Halsesee zu gelangen. Anschliessend stets links der Binna, also via Chäller, zurück nach Fäld.
VARIANTE Bei Benutzung des Bus alpin Binntal und Start im Brunnebiel verkürzt sich der Aufstieg um eine gute Stunde.

MÄSSERSEE

NATURNAHE WÄLDER, ALTE LÄRCHEN, GURGELNDE BÄCHE, EINE VERZWEIGTE FLUSSEBENE UND EIN SEE MIT FELSINSEL … ALS ZUGABE EVENTUELL NOCH EIN SCHÖNES BLOCKGELÄNDE.

CHARAKTER Mittelschwere Bergwanderung auf teilweise rauem Trassee (T2/T3)
WANDERZEIT 3¼ Std.
AUSGANGS-/ENDPUNKT Postautohaltestelle Fäld (1518 m)
ROUTE Auf dem Strässchen Richtung Mineraliengrube, bis nach 5 Minuten rechts ein markierter Bergweg abzweigt. Der zurückhaltend ausgebaute Pfad schraubt sich durch den steilen Nackewald bis zur Lichtung des Mässerchällers. Hier nach links, noch etwas an Höhe gewinnend und dann durch lichten Wald zu einer Brücke. Bald darauf etwas nach Süden ausholen, links auf einen locker

bewaldeten Rücken und zum Mässersee (2120 m, Baden nur im nördlichen Teil erlaubt). Zurück auf gleichem Weg – oder, interessanter, über den Manibode mit seinen Felsblöcken und vielen schönen Bach- und Badestellen – bis zur Abzweigung auf 1978 Metern. Dort nach rechts, um auf einem anderen Weg ins Tal zu gelangen. Über eine teils bewaldete, teils offene Flanke kommt man schliesslich zur Mineraliengrube Lengenbach. Zuletzt auf dem Strässchen (kurzweiliger Lehrpfad zum Thema Mineralien und Gesteine) oder auf den markierten Abkürzungen zurück nach Fäld.

GRANIT, KUNST UND KULTUR

Sciora-Gruppe, Pizzo Cengalo
und Pizzo Badile: die berühmte
Aussicht von Soglio.

42

Granit geht auch als Kulisse. Skitour im Val Bondasca,
am Fuss der Sciora.

DER SCHÖNSTE GRANIT
DER WELT

Dass im Namen Bergell die Berge buchstäblich vorkommen, ist reiner Zufall. Aber ein überaus passender. Denn tatsächlich besteht das Bergell fast ausschliesslich aus Bergen. Besonders spektakulär sind jene auf der linken Talseite, an der Grenze zu Italien. Wie der kantige Pizzo Badile, der wuchtige Pizzo Cengalo, die mehrgipflige Sciora-Gruppe oder die schlanke Fiamma. Mit ihren klaren Linien und schnittigen Formen wirken sie so kräftig wie nur wenige im Alpenraum. Und sie bieten den Alpinisten seit 150 Jahren eine wunderbare Spielwiese aus steilem Fels. Der Pizzo Badile gilt gar, nebst Matterhorn und Eiger, als international berühmtester Kletterberg der Schweiz: Seine Nordkante zählt zu den schönsten Routen im Alpenraum, seine Nordostwand zu den grossen Prüfsteinen der Alpingeschichte.

Was diese Berge so besonders macht? Sie bestehen aus einem Granit, der erst vor 30 Millionen Jahren tief im Erdinnern entstand und anschliessend sehr rasch an die Oberfläche gedrückt wurde – zu einer Zeit, als die meisten Baueinheiten der Alpen schon fest an ihrem Ort standen. Die umgangssprachliche Bezeichnung des Granits als Urgestein wird hier also widerlegt: Im Bergell ist es nämlich eindeutig ein überaus junges. Das zeigt sich etwa an den filigranen Spitzen und Türmen, die bei älteren Massiven längst abgebrochen sind, oder am ungewohnt griffigen Fels. Der legendäre, weit gereiste Bergsteiger Walter Bonatti, einer der ganz grossen seiner Zunft, war in jungen Jahren viel im Bergell unterwegs und bilanzierte rückblickend: «Erst später, nach vielen weiteren Gipfeln, ist mir klar geworden, dass das der schönste Granit der Welt ist.»

Das junge Alter dieses geologischen Aufbaus zeigt sich allerdings auch in Form von Kinderkrankheiten. Es sind Berge, die noch nicht überall ihr Gleichgewicht gefunden haben. Unter der scheinbar kompakten Oberfläche stehen sie teilweise unter grosser Spannung. Und sie werden durch weitere Faktoren geschwächt. Durch Wasser, das in Klüfte und Risse eindringt, sich beim Gefrieren ausdehnt und den Fels sprengt. Oder durch das Auftauen des Permafrostes, das mancher Flanke den inneren Kitt nimmt.

Deshalb kommt es im Bergell regelmässig zu Felsausbrüchen, die teilweise bis zum Talboden vordringen. Doch was sich in den letzten Jahren an der Nordwand des Pizzo Cengalo – der höchsten Wand der Bündner Alpen – ereignete, sprengt jede Vorstellungskraft. Seit je für heftigen Steinschlag berüchtigt, warf der Berg im Dezember 2011 mindestens 1,5 Millionen Kubikmeter Fels ab, die glücklicherweise am Wandfuss liegen blieben. Da man mit weiteren Abbrüchen rechnen musste, wurde die Flanke überwacht. Im Sommer 2017 deuteten die Felsbewegungen auf einen weiteren Bergsturz hin, was die Gemeinde zum Aufstellen von Warntafeln veranlasste. Dass sich dann gleich ein ganzes Stück vom Berg lösen würde, rund 3 Millionen Kubikmeter – so viel wie drei Albigna-Staumauern zusammen –, hatte indes niemand erwartet. Die Felsmassen verwüsteten das Val Bondasca, acht Wanderer sind seither verschollen und dürften ums Leben gekommen sein. Die Geröllflut drang mit mehreren Murgängen rasch bis in bewohntes Gebiet vor und zerstörte Teile des Dorfs Bondo.

Was genau zum Bergsturz führte und welche Rolle der auftauende Permafrost spielte, ist Gegenstand laufender Untersuchungen. Doch fest steht, dass der Cengalo noch kein stabiles Gleichgewicht erreicht hat und sich noch weiter zersetzen wird. Für die eine SAC-Hütte im Bondasca, die Sasc Furä, errichtete die Gemeinde inzwischen einen neuen, sicheren Zugang, für die andere, die Sciora, ist eine Lösung in Sicht. Beide Zustiege führen hoch oben durch die abschüssigen Flanken. Für den Talboden hingegen, in der Gefahrenkarte als rote Zone ausgewiesen, dürfte das Betretungsverbot noch lange gelten.

Wenn wir schon bei der Geologie sind: Gemäss Fachleuten reichte das Engadin einst viel weiter nach Westen und bedeckte weite Teile des heutigen Bergells. Doch das Gefälle und die höheren Niederschläge auf der Alpensüdseite verliehen dem Bergeller Hauptfluss, der Maira, eine solche Erosionskraft, dass sie den Boden des Inntals nach und nach wegfrass und um mehr als 10 Kilometer nach Osten zurückdrängte, sodass die Geländekante derzeit bei Maloja liegt. Mehrere Wildbäche, die einst zum Einzugsgebiet des Inns gehörten, fliessen nun nach Westen ab, Richtung Italien.

EINE BRÜCKE
ZWISCHEN DEN KULTUREN

Nicht nur geografisch, auch kulturell ist die Bregaglia stark nach Italien ausgerichtet. Damit leistet sie einen Beitrag zur Vielfalt Graubündens – zusammen mit den ebenfalls italienischsprachigen Talschaften Poschiavo und Mesolcina. Sie alle grenzen an Italien oder ans Tessin, sind aber gleichzeitig über ganzjährig offene Verbindungen an deutschsprachige Regionen angebunden. (Bis vor vierzig Jahren war das Italienische auch in Bivio, nördlich des Julierpasses, Hauptsprache, wurde seither allerdings vom Deutschen überrollt – aber das wäre eine andere Geschichte.)

Dennoch darf man die drei Täler nicht in den gleichen Topf werfen. Die fast 8500 Misoxer sind recht autonom, und was sie in ihrem Tal nicht finden, suchen sie eher im Grossraum Bellinzona als beim Nachbarn im Norden, dem dünn besiedelten und strukturschwachen Rheinwald. Auch das Puschlav mit fast 5000 Einwohnern – und der Nähe zum umtriebigen Veltlin – braucht im Alltag nicht ständig nach Norden zu schielen. Anders die bloss etwa 1500 Bregagliotti. Sie pflegen zwar einen intensiven Austausch mit dem italienischen Chiavenna, sind aber stark

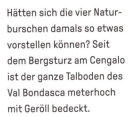

Hätten sich die vier Naturburschen damals so etwas vorstellen können? Seit dem Bergsturz am Cengalo ist der ganze Talboden des Val Bondasca meterhoch mit Geröll bedeckt.

DER RUSSISCHE BARON ANTON VON RYDZEWSKI (1836–1913) besuchte in den 1890er-Jahren mehrmals das Bergell – mit Seil, Pickel und Kamera. 1895 liess er drei seiner damals treusten Bergführer vor der aufgegebenen Alp Sassforà posieren. Das Bild zeigt von links nach rechts Angelo Dandrea und Mansueto Barbaria, beide aus Cortina d'Ampezzo; dann den berühmten Christian Klucker aus dem Fextal, Sohn der Annetta Baltresca aus Bondo und des Agostino Klucker aus dem Avers. Dazu gesellt sich, rechts, ein Hirt. In den 1930er-Jahren avancierte die Nordkante des Pizzo Badile zur Modetour, immer mehr Alpinisten nutzten das Alpgebäude als Nachtlager. Ursula Corning, die als dritte Frau die Tour bewältigte, prophezeite 1936: «Zweifellos hält die Zukunft viel für die Nordkante des Badile bereit. Irgendwann wird zwischen den Disteln der Alp Sassfurà eine grosse Badilehütte entstehen, so dass sich an schönen Tagen zahlreiche Karawanen auf der Kante vergnügen werden.» Sie sollte Recht bekommen, aber viel später. Erst 1961 wurde an dieser Stelle die Capanna Sasc Furà eingeweiht. Mittlerweile ist sie rundum von Wald umgeben.

auf das Oberengadin angewiesen. Und so wurde das Tal zwangsläufig zu einer lebendigen Brücke zwischen den Kulturen. Nahezu jeder Einheimische beherrscht nebst Italienisch auch Deutsch, und als würde das nicht genügen, beinhaltet der lokale Dialekt Bargaiot, ein lombardisches Idiom, zahlreiche rätoromanische Elemente. Damit treffen hier gleich vier Sprachen aufeinander. Die vielen Zuzüger aus Italien und der Deutschschweiz, die ihren Lebensmittelpunkt ins Bergell verlegten, tragen ebenfalls zu diesem Schmelztiegel bei. Oder die Tatsache, dass niedergelassene Ausländer seit 2009 bei Gemeindeabstimmungen und Wahlen mitbestimmen dürfen. Schon älteren Datums ist eine andere Eigenheit, die das Bergell mit dem Norden verbindet: die Religion. Es ist das einzige italienischsprachige Gebiet der Schweiz mit mehrheitlich reformiertem Glauben.

Am Fuss des Piz Duan thront der Palazzo Castelmur, gemäss Kunstführer ein «einzigartiges Baudenkmal der Bündner Rückwanderer-Architektur von landschaftsprägender Bedeutung».

DAS TAL
DER KUNST

Vielleicht liegt es an dieser Offenheit, dass das Bergell einen fruchtbaren Boden für die Kunst bot. Dabei sticht die Familie Giacometti aus Stampa heraus – insbesondere Alberto Giacometti (1901–1966), einer der wichtigsten Bildhauer des 20. Jahrhunderts. Er lebte vor allem in Paris, wo er mit Intellektuellen wie Sartre, de Beauvoir und Picasso befreundet war. Und doch fühlte er sich stets dem Bergell verbunden und kehrte immer wieder in sein Tal zurück, um seine Familie zu besuchen und neue Kraft zu schöpfen. Weltberühmt sind seine schlanken Skulpturen, die menschliche Figuren aufs Wesentliche, Existenzielle reduzieren. Sein Werk als Bildhauer ist allerdings weit umfassender, ebenso seine Tätigkeit als Maler und Grafiker. Zur Familie Giacometti gehörten zudem Albertos Vater Giovanni, auch er Maler und Grafiker, die Brüder Bruno, Architekt, und Diego, Möbeldesigner, sowie Augusto, ein Onkel zweiten Grades und ebenfalls Maler. Alle ziemlich erfolgreich.

Auch auswärtige Künstler liessen sich vom Bergell verzaubern und zogen ins Bergtal. Der wichtigste war Giovanni Segantini (1858–1899), einer der bedeutendsten Maler seiner Zeit, nicht bloss in Sachen Landschaften, und Lehrmeister von Giovanni Giacometti. Segantini verbrachte seinen jungen Lebensabend – er verstarb 41-jährig – in Maloja und Soglio und verewigte die beiden Dörfer in seinem Hauptwerk, dem monumentalen Alpentriptychon.

Die bildende Kunst zieht sich wie ein roter Faden bis in die Gegenwart: Seit gut zehn Jahren gastieren im Bergell Ausstellungen, Biennalen und Kunstprojekte mit Teilnehmern wie Roman Signer, Pipilotti Rist, Bob Gramsma oder Jules Spinatsch. Und das alles, man darf es nicht vergessen, in einem abgelegenen Bergtal, das weniger Einwohner zählt als etwa Attinghausen, Gunzgen oder Zäziwil.

HÖCHSTER PUNKT
Cima di Castello, 3379 m

TIEFSTER PUNKT
Mera bei Castasegna, 665 m

HAUPTFLÜSSE
Maira (Mera), Orlegna, Albigna, Bondasca

HAUPTBAUMARTEN
Fichte, Lärche, Tanne, Kastanie, Eiche, Esche

SCHUTZGEBIETE
BLN-Landschaften Val Bondasca-Val da l'Albigna und Oberengadiner Seenlandschaft, Landschaftsschutzgebiet Val Bregaglia Nord-Val da la Duana, verschiedene Waldreservate zwischen Soglio, Castasegna und Bondo (Brentan, Plazza, Brägan usw.), Waldreservat Maloja, Auengebiete Borgonovo-Stampa-Campac, Cavril, Isola/Plan Grand, Vadrec da la Bondasca, Vadrec del Forno, Aua da Fedoz und Vadrec da Fedoz

SIEDLUNGEN
Isola, Capolago, Maloja, Casaccia, Löbbia, Roticcio, **Vicosoprano**, Borgonovo, Stampa, Coltura, Montaccio, Promontogno, Bondo, Spino, Soglio, Castasegna

SCHÜTZENSWERTE ORTSBILDER
Vicosoprano, Borgonovo, Stampa, Coltura, Promontogno, Bondo, Soglio, Castasegna

DAUERHAFT BESIEDELT BIS ETWA
1840 m

TYPISCHE FAMILIENNAMEN
Crüzer, Fasciati, Ganzoni, Giacometti, Gianotti, Giovanoli, Giovannini, Maurizio, Picenoni, Roganti, Salis, Scartazzini, Tam, Walther

Vicosoprano, Borgonovo und
Stampa, darüber Piz Bacun.

Soglio aus der Bergwander-
perspektive.

KOMPAKTE DÖRFER

Fährt man durchs Tal, fällt die schlichte Schönheit der Kulturlandschaft auf. Wiesen und Wald bestimmen über weite Strecken das Bild. Da und dort stehen wie hingewürfelt Ställe aus Stein und Holz, teils in kleinen Gruppen, teils als Einzelbauten. Viele davon sind mittlerweile besser versteckt, als sie ursprünglich sein wollten: Auch im Bergell weitet sich der Wald unaufhörlich aus und verschluckt zunehmend die Lichtungen.

Gleich acht Dörfer, zwischen Vicosoprano und Castasegna, gelten als schützenswerte Ortsbilder von nationaler Bedeutung. Abgesehen von Maloja, einem stark vom Tourismus geprägten Sonderfall – und in dieser Beziehung mehr Oberengadin als Bregaglia –, sind sie alle sehr kompakt gebaut. Was auch einleuchtet, da das Kulturland zu knapp und wertvoll war, um verbaut zu werden.

Die teils stattlichen Steinhäuser bestehen aus massivem Mauerwerk, sind verputzt und nur selten mit Sgraffiti oder anderen Dekorationen verziert. Meist stehen sie so nahe beisammen, dass für Autos in den engen Gassen kein Durchkommen ist. Von oben betrachtet, etwa von einem Gipfel, scheinen die Dächer zu einer einzigen Steinplattenlandschaft zu verschmelzen. Anders als im Engadin befinden sich die Ställe konsequent von den Wohnbauten getrennt und stehen meist am Dorfrand.

Da und dort wird durchaus renoviert. Und es entstehen auch moderne Bauten, die auf den ersten Blick nicht viel mit der Tradition gemein haben. Doch meist fügen sie sich gut ins Dorfbild ein und entwickeln es auf sinnvolle, spannende Art weiter. Oder liegen ausserhalb der Dorfkerne, zu kleinen Quartieren gruppiert, um den alten Häuserbestand nicht zu beeinträchtigen. Für seine Bemühungen, sowohl das bauliche Erbe umsichtig zu pflegen wie auch hochwertige zeitgenössische Architektur zu fördern, erhielt das Bergell 2015 den Wakkerpreis des Schweizer Heimatschutzes.

EINE KLEINE DORFRUNDE

Nach einem ersten, gescheiterten Versuch im Jahr 1994 beschlossen Vicosoprano, Stampa, Bondo, Castasegna und Soglio 2008, sich zu einer einzigen Gemeinde zusammenzuschliessen. Das Fusionsprojekt war breit abgestützt und weitgehend unbestritten, die Ja-Mehrheiten reichten von 74 (Soglio) bis 92 (Bondo) Prozent. Offiziell besteht die neue Gemeinde Bregaglia – die fünftgrösste Graubündens – seit dem 1. Januar 2010. Nebst dem ganzen Tal umfasst sie auch Maloja, die Hälfte des Silsersees sowie das obere Val Madris im Avers, die alle jenseits der Wasserscheide liegen. Ein eigentliches Zentrum sucht man vergebens: Die Gemeindeverwaltung hat ihren Sitz in Promontogno, Kindergarten und Primarschule befinden sich in Maloja und Vicosoprano, die Sekundar- und Realschule in Stampa, das Gesundheitszentrum zwischen Bondo und Soglio, der Forstbetrieb, die Feuerwehr und der Hockeyclub in Vicosoprano, die Skilifte in Maloja und Casaccia, das Seminarzentrum der Villa Garbald in Castasegna. Und so hat jedes Dorf etwas zu bieten – und zu erzählen. Schauen wir sie kurz von oben bis unten an.

Maloja (1809 m), auch Maloggia oder Malögia, ist das oberste Dorf mit mehreren Siedlungen am Silsersee. Geografisch gehört es zum Engadin, war aber seit je die Sommeralp von Stampa. Mit dem Bau des Maloja Palace in den 1880er-Jahren avancierte es zu einem überaus noblen Kurort. Die Hotelanlage hat ihren Nimbus längst verloren, dafür entwickelte sich das Passdorf zur familienfreundlichen Feriendestination im Windschatten des mondänen St. Moritz. Obwohl Italienisch weiterhin Amtssprache ist, breitet sich das Deutsche zunehmend aus. Schön an Maloja ist vor allem die Lage.

Casaccia (1458 m) kauert am Vereinigungspunkt von zwei historischen Alpenübergängen, dem Septimerpass und der Route über den Maloja- und Julierpass. Das Dorf – bis 1971 unabhängig und damals die kleinste Gemeinde des Bergells – war somit lange Zeit ein Etappenort des Personen- und Güterverkehrs. Auch die

Vicosoprano.

Bondo.

eindrückliche Ruine der einstigen Wallfahrtskirche San Gaudenzio erinnert an eine längst vergangene Blütezeit.

Nach einer Weile erreichen wir Vicosoprano (1067 m), oft einfach Vico genannt. Funde belegen dessen Bedeutung schon zu vorrömischen und römischen Zeiten. Die grösste Ortschaft der Bregaglia war während Jahrhunderten Amtssitz und Machtzentrum des Tals, wie man an einigen imposanten Bauten unschwer erkennen kann, etwa am prächtigen Rathaus im Dorfzentrum. Hier tagte einst auch das Gericht, und es war wohl nicht immer zimperlich, wie der öffentliche Prangerblock an der Hausfassade oder die im Innern ausgestellten Folterinstrumente – Schandmaske und Streckleiter – vermuten lassen. Im Mittelalter erlebte Vicosoprano eine Hochblüte als Standort der Säumergenossenschaften, die den Verkehr über die Pässe abwickelten. In den 1950er-Jahren brachte das Elektrizitätswerk der Stadt Zürich mit dem Bau des Albigna-Stausees dem Dorf viele Arbeitsplätze und Einnahmen aus Wasserzinsen. Im Gegenzug profitiert Zürich seither vom besonders günstigen Bergeller Strom.

Weiter talwärts befinden sich Borgonovo (1042 m) und Stampa (994 m). Das auf den ersten Blick unscheinbare Borgonovo gehörte bis zur Gemeindefusion von

Die Porta, mit Burgturm
und Chiesa di Nossa Donna.

Castasegna.

2010 zu Stampa. Seit dem Bau der Umfahrungsstrasse 1975 wird das hübsche Dorf vom Verkehr verschont; am ehesten schauen jene Touristen vorbei, die das Grab von Alberto Giacometti besuchen. Sehenswerte Qualitäten zeigen sich an der modernen Architektur einiger privater Wohnhäuser. Da sie gruppiert und etwas abgesetzt am Dorfrand liegen, stören sie den alten Ortskern in keiner Weise – ein gutes Beispiel für jene Trennung zwischen Alt und Neu, die vom Wakkerpreis 2015 ausdrücklich gerühmt wurde.

Stampa hingegen hat keine Umfahrung und leidet – wie Casaccia – unter dem Durchgangsverkehr. Die Bedeutung, die Stampa einst besass, merkt man beim Vorbeifahren kaum, selbst das interessante Talmuseum lässt sich leicht übersehen. Doch lange Zeit spielte Stampa eine prägende Rolle für das politische wie kulturelle Leben des Bergells. Und war auch die grösste und bevölkerungsreichste Gemeinde. Sie umfasste die Siedlungen Borgonovo, Coltura (den Sitz des exotischen, schlossähnlichen Palazzo Castelmur), Montaccio und Caccior, dazu noch die grossen Sommeralpen auf Maloja und die beiden Hochtäler Val Forno und Val Fedoz. Sogar der zweitgrösste Gletscher Graubündens, der Vadrec del Forno, gehört(e) zu Stampa.

Es folgt die Talenge der Porta, wo sich früher eine Sperrmauer befand, die Müraia, sowie eine befestigte Zollstation. Links darüber, auf dem Hügel, thronen die Reste einer Burganlage und die ehemalige Talkirche Nossa Donna. Die Porta teilt die Bregaglia in zwei Regionen, Sopraporta und Sottoporta. Eine Teilung, die nicht nur in vielen einheimischen Köpfen und Herzen weiterhin existiert, sondern sich auch bei der Bauweise oder beim Dialekt zeigt – und natürlich beim Klima sowie bei der Vegetation.

Sofern wir nicht den Umfahrungstunnel nehmen, kommen wir gleich nach der Porta zum kleinen Dorf Promontogno (822 m) mit seiner Mühle, die sich auf biologische Getreidesorten aus dem Berggebiet spezialisiert hat. Rechts geht es über die Brücke nach Spino, links hingegen nach Bondo. Unterwegs entdecken wir ein grosses Rückhaltebecken für Murgänge, und auch sonst sind die Folgen der Katastrophe von 2017 unübersehbar. Doch der Ortskern von Bondo bleibt, nebst jenem von Soglio, der zweifellos schönste im ganzen Tal. Und dies, obwohl das Dorf während der Bündner Wirren 1621 von spanischen Truppen weitgehend zerstört wurde. Beachtlich sind zudem die romanische Kirche mit ihrem schlichten Innern, der Palazzo Salis mit der grossen Gartenanlage und die gepflegten Wiesen der Caltüra, am Weg nach Castasegna. Auch Bondo besitzt von alters her Sommeralpen im Engadin, zwischen Diavolezza und Lagalb.

Unmittelbar an der Grenze zu Italien liegt Castasegna (699 m). Das Klima ist hier schon mediterraner. Der Kastanienbaum kommt nicht nur im Namen vor, sondern auch im Wappen, und tatsächlich befindet sich hinter dem Dorf eine gepflegte, weiterhin genutzte Kastanienselve.

Fehlt noch Soglio, das abseits der Hauptstrasse auf einer Anhöhe auf rund 1100 Meter ruht und damit nicht nur das einzige Terrassendorf des Bergells ist, sondern auch ausgesprochen sonnig. «Ahnungslos, wie ich geografisch bin, hatte ich mir vorgestellt, auf ein offenes Italien hinunterzuschauen, es enttäuscht mich, dass auch da noch Berge im Wege sind», schrieb Rainer Maria Rilke, der 1919 hier residierte. Doch die meisten Besucher sind nicht ahnungslos, sondern kommen genau wegen der Aussicht auf die Berge rund um Sciora und Pizzo Badile hierher. Das Panorama verleitete Segantini gar dazu, Soglio als Schwelle zum Paradies zu bezeichnen. Entsprechend angezogen fühlen sich insbesondere Künstler und Aussteiger. Berühmt ist auch das Ortsbild mit den schmalen Gassen und schönen Häusern. Weniger bekannt hingegen ist, dass Soglio über die Berge hinweg bis ins Averser Val Madris reicht und so mit einem Fuss auf der Alpennordseite steht. Was wiederum zum offenen Bergell passt, das an viele Kulturen grenzt und seit je mit allen im fruchtbaren Austausch steht. Und Leute von überallher anzieht.

Soglio.

WO, WIE, WAS?

Pizzo Cengalo und Palazzo
Salis in Bondo.

ANREISE Von St. Moritz per Postauto via
Maloja ins Bergell. Die meisten Kurse fahren
weiter nach Chiavenna, mit Anschluss
ans Bahnnetz sowie an den Bus über den
Splügenpass.

BESONDERE ORTE Soglio (auch der Friedhof) |
Tombal und Plän Vest, Aussichtsbalkone
hoch über Soglio | Museum Ciäsa Granda
in Stampa | Val Bondasca (derzeit weitgehend
Sperrzone | Das versteckte Val da la Duana |
Val Forno und Capanna del Forno | Lägh
dal Lunghin und Lägh da Cavloc, oberhalb
bzw. hinter Maloja

ANLÄSSE Kunstanlässe ARTipasto culturale
(www.bregaglia.ch) und Biennale Bregaglia |
Festa del Paese, jedes Jahr in einem anderen
Dorf (im August) | Festival della Castagna
(zahlreiche Anlässe, im Oktober)

BESONDERE UNTERKÜNFTE Hotel Stüa Granda,
Salis und Soglina in Soglio | Hotel Garni Post
in Castasegna | B & B Pontisella in Stampa |
Camping Mulina in Vicosoprano | Hotel
Corona in Vicosoprano | Hotel Stampa in
Casaccia | Hotel Longhin und Schweizerhaus
in Maloja | Capanna Sasc Furä, da l'Albigna
und del Forno

THEMENWEGE Schmugglerweg (zum Lägh
da Bitabergh bei Maloja) | Gletschermühlen
(Maloja) | Sentiero Segantini (Maloja) |
Giacometti Art Walk (im ganzen Tal) |
Kastanienlehrpfad (Castasegna)

EINKAUFEN Dorfladen in Castasegna,
Soglio, Bondo, Promontogno, Vicosoprano
und Maloja, teilweise mit eigenen Bäcke-
reien | In Vicosoprano auch Metzgerei und
Molkerei

WANDERFÜHRER Mehr als bloss ein Führer:
Ursula Bauer/Jürg Frischknecht, «Grenzland
Bergell», Rotpunktverlag 2017

INFORMATIONEN Bregaglia Engadin Turismo
in Stampa, bei der Haltestelle Villaggio,
Telefon 081 822 15 55, www.bregaglia.ch |
Weitere Infostellen in Maloja (bei der Post)
und Soglio (schräg vis-à-vis der Kirche)

Vicosoprano.

SOGLIO, CASTASEGNA UND BONDO

GEMÜTLICHER BUMMEL DURCH DIE SOTTOPORTA, DEN UNTERSTEN UND SÜDLÄNDISCHSTEN ABSCHNITT DER BREGAGLIA. VIEL ZEIT FÜR DORFBESUCHE EINPLANEN!

CHARAKTER Bequeme Wanderwege und Strässchen, viele Varianten möglich (T1)
WANDERZEIT 2¼ Std.
AUSGANGSPUNKT Soglio (1089 m)
ENDPUNKT Promontogno (822 m)
ROUTE Von Soglio folgt man kurz der Strasse talwärts, um sie beim Wegweiser nach links zu verlassen. Über meist offene Wiesen zum oberen Rand der Plazza mit den vielen kleinen Ställen und Kastanien-Dörrhäuschen. Auf einem Strässchen nach rechts zu einem Wasserfall, hinter ihm durch und zur lockeren Kastanienselve von Brentan. Bald darauf erreicht man das sehenswerte Castasegna. Auf der Hauptgasse durchs Dorf Richtung Osten, bis der Weg markiert nach rechts abzweigt, die Kantonsstrasse unterquert und auf einer Steinbrücke die Maira überwindet. Der Weg bleibt nun eine Weile im Wald und steigt dabei sachte an, um später weitgehend waagrecht nach Bondo zu führen. An der Kirche vorbei durchs Dorf mit seinen hübschen Gassen. Zuletzt auf einer Hängebrücke über die von den Murgängen gezeichnete Bondasca zu den Grotti und ins nahe Dorf Promontogno.
VARIANTE Für eine Rundwanderung von Promontogno auf markiertem Bergweg wieder nach Soglio aufsteigen (T2).
VARIANTE Angesichts der Kürze des Hüttenzustiegs dürfte oft noch ein Abstecher zu den kleinen Seen auf 2563 Metern (am Fuss des Piz dal Päl) drinliegen. Von dort ist die Aussicht auf den ganzen Talkessel, die Granitzinnen und den Albignagletscher besonders eindrücklich (T3, weiss-blau-weiss markiert, hin und zurück 1 Std.).

SENTIERO PANORAMICO

DER BERÜHMTESTE WANDERWEG DES BERGELLS. OBWOHL DER WALD MANCHE AUSSICHTSREICHE WIESE VERSCHLUCKT HAT, BLEIBT DIE STRECKE VON VICOSOPRANO NACH SOGLIO EIN ERLEBNIS.

CHARAKTER Zwischen Durbegia und Soglio gut ausgebauter Bergwanderweg durch eine teilweise steile Flanke (T2)
WANDERZEIT 3 Std.
AUSGANGSPUNKT Vicosoprano (1067 m)
ENDPUNKT Soglio (1089 m)
ROUTE In Vicosoprano auf der alten Brücke über die Maira zum nördlichen Dorfteil. Dort holt man auf einer Teerstrasse nach rechts aus. Später wird diese zum Natursträsschen hinauf zum Maiensäss Durbegia (1410 m, Ristoro mit lokalen Spezialitäten). Nun in leichtem Auf und Ab durch zwei Tälchen, und schon beginnt der langsame Abstieg. Bei den Ställen und Ruinen von Parlongh mündet links der Weg von Stampa ein, dann wird das Gelände steiler, der Weg kunstvoller ausgebaut. Nach einer besonders hübschen und fotogenen Stelle mit Blick auf die grossen Berge rund um Sciora und Badile ist es nicht mehr weit bis nach Soglio.
VARIANTE Noch aussichtsreicher, aber auch bedeutend länger ist der Höhenweg entlang der Alpstufe, also oberhalb der Waldgrenze, von Vicosoprano – oder von Casaccia via Val Maroz – über Plan Lo, Cadrin und Plän Vest nach Soglio (T3, rund 7 Std.).

CAPANNA DA L'ALBIGNA

VON DEN VIER GROSSEN, VERGLETSCHERTEN SÜDLICHEN SEITENTÄLERN IST DAS VAL D'ALBIGNA AM LEICHTESTEN ERREICHBAR – DANK BEQUEMER KRAFTWERKSEILBAHN.

CHARAKTER Grundsätzlich einfacher Bergweg mit einigen felsigen Passagen, die Trittsicherheit erfordern (T2/T3)
WANDERZEIT 1¾ Std. (hin und zurück)
AUSGANGS-/ENDPUNKT Bergstation Albigna (2097 m)
ROUTE Mit der kleinen Werkseilbahn (Achtung: längere Mittagspause, an Wochenenden oft Wartezeiten) luftig zum Fuss der Staumauer Albigna. Auf markiertem Weg zum Wärterhaus am westlichen Ende der Mauer und über deren Krone zum anderen Seeufer. Der Weg steigt nun recht gleichmässig an, erreicht über einige Felsen hinweg bald einen Tümpel und kurz darauf die auf einem Graspodest gelegene SAC-Hütte auf 2332 Metern (www.albigna.ch). Ohne Seilbahn verlängert sich die Wanderung um 2¾ sehr steile Stunden Aufstieg und/oder 1¾ kniebelastende Stunden Abstieg.
VARIANTE Angesichts der Kürze des Hüttenzustiegs dürfte oft noch ein Abstecher zu den kleinen Seen auf 2563 Metern (am Fuss des Piz dal Päl) drinliegen. Von dort ist die Aussicht auf den ganzen Talkessel, die Granitzinnen und den Albignagletscher besonders eindrücklich (T3, weiss-blau-weiss markiert, hin und zurück 1 Std.).

NATURPARK STATT ALPINE BRACHE

Unbewohnt: der hinterste Teil
des Calancatals.

VAL CALANCA

Braggio ruht auf der grössten natürlichen Terrasse
der linken Talseite.

VERSTECKTES TAL
MIT UNBEKANNTEN BERGEN

Wer über den San Bernardino und durch das Misox nach Bellinzona fährt, wird es kaum wahrnehmen. Vom Talboden aus bloss erahnbar, zweigt das Val Calanca bei Grono rechts ab. Die Strasse windet sich zunächst in zwei Serpentinen den Hang hoch, quert dann, teils durch Galerien, in die Schlucht der Calancasca und überwindet diese auf einer weiten, filigranen Brücke. Dann folgt eine Abzweigung zu den Ortschaften Castaneda und Santa Maria, die auf sonnigen Terrassen liegen, sich geografisch und klimatisch dem Misox zuwenden und die sogenannte Calanca esterna bilden. Geradeaus führt die Strasse hingegen in die Calanca interna, von der hier die Rede sein soll.

Die innere Calanca ist topografisch rasch erzählt: linearer Verlauf nordwärts, beidseits steile Flanken, in regelmässigen Abständen kompakte Dörfer. Hinter der letzten Siedlung, Valbella, keine offiziellen Wanderwege mehr, nur noch Weiden, Geröll, Stille, Fels, Wildnis, Gämsen, Steinböcke und Firnflächen bis über 3000 Meter. Rundherum kaum bekannte Berge wie Puntone dei Fraciòn, Piz de Mucia, Cima dei Cogn, I Rodond, Alta Burasca.

Namensforscher führen das Wort Calanca auf einen Abgrund, eine Schlucht zurück. Als Tobel darf man sich die Calanca aber nicht vorstellen. Im mittleren Abschnitt, zwischen Selma und Rossa, ist die Talsohle im Schnitt immerhin rund 300 Meter breit und beherbergt die meisten Dörfer. Zwei weitere Ortschaften, Landarenca und Braggio, ruhen erhöht auf offenen Geländeterrassen und sind mit Seilbahnen erschlossen – die, ein Unikum in Graubünden, vom Tiefbauamt betrie-ben werden, sozusagen als Strassenersatz. Dank Nord-Süd-Ausrichtung dringt die Sonne selbst im Hochwinter weit ins Tal.

HÖCHSTER PUNKT
Puntone dei Fraciòn, 3202 m

TIEFSTER PUNKT
Ausmündung der Calancasca bei Grono, 350 m

HAUPTFLUSS
Calancasca

HAUPTBAUMARTEN
Fichte, Lärche, Esche, Birke

SCHUTZGEBIETE
Parco Val Calanca, Auengebiet Pian di Alne, Landschaftsschutzgebiete Val Calanca Posteriore, Calancasca und Alp de Mem, Jagdbanngebiet Trescolmen

SIEDLUNGEN
Valbella, **Rossa**, Augio, Santa Domenica, Cauco, Bodio, Selma, Landarenca, Braggio-Stabbio, Braggio-Mezzana, Arvigo, Buseno, Molina, Fontana

SCHÜTZENSWERTE ORTSBILDER
Braggio, Landarenca, Cauco, Augio, Rossa

DAUERHAFT BESIEDELT BIS ETWA
1440 m

TYPISCHE FAMILIENNAMEN
Berta, Bertossa, Bogana, Filisetti, Fumi, Margna, Mazzoni, Negretti

Strassen sind im Calancatal
die Ausnahme, Fels und
Steilgras die Regel.

FAHRER HANS DÜRRENBERGER (1887–1954) montiert mit Hilfe
eines schweren Wagenhebers Schneeketten am Postauto,
während die Passagiere auf die Weiterfahrt warten. Das Bild zeigt
das erste Fahrzeug, das im Calancatal zum Einsatz kam, ein Modell
Berna mit unbequemen Vollgummireifen. Dessen Erstlingsfahrt
am 4. Juli 1921 mussten sich die Calanchini mit beharrlichem
Einsatz verdienen. Nachdem sich die Post geweigert hatte, die
Pferdekutsche durch ein Automobil zu ersetzen, bekräftigten
die Talbewohner anlässlich einer Kreisversammlung nicht nur ein-
stimmig ihre Forderung nach einem Postbus, sondern bestimmten
auch drei Wortführer, die den Postillon als Zeichen ihres Unmuts
gegenüber Bern beim Taleingang zurückweisen sollten. Nach einigen
Tagen Verhandlung mit der Postverwaltung gab diese nach, und
das Tal wurde fortan mit einem Motorwagen bedient. Für Bergtäler
war eine gute Postautoverbindung damals von grosser Bedeutung,
da nur wenige Menschen über ein eigenes Fahrzeug verfügten.
Während heute schweizweit auf tausend Einwohner weit über fünf-
hundert Autos kommen, waren es 1920 gerade mal zwei – und
in Graubünden, wo Fahrzeuge zwischen 1900 und 1925 weitgehend
verboten waren, noch deutlich weniger.

AUSWANDERER
UND ZUZÜGER

D ennoch: «Das Tal ist hart, wild und unfruchtbar, seine Bewohner sind
arm. Viele suchen ihr Brot da und dort in der Fremde, und handeln auch
mit Harz und Pech. Mit dem Erlös ernähren sie die Alten und Kinder
zu Hause. Männer und Frauen, alle, die laufen können, verlassen noch
vor dem Winter das Tal und verstreuen sich in die drei Bünde, in die
Eidgenossenschaft und nach Deutschland, wo sie sich mühselig durchschlagen.
Anfangs Sommer kehren sie mit dem Verdienten und Ersparten wieder heim.» Das
schrieb der Bündner Chronist Ulrich Campell. Auf Latein, im fernen 1573.

Obwohl es Regionen gibt, vor allem im Tessin und im übrigen Graubünden,
die noch stärker darunter leiden, wird das Calancatal oft als Paradebeispiel für
die Entvölkerung eines Bergtals angeführt. Die Zahlen sind tatsächlich beein-

druckend. Etwa jene von Rossa, der hintersten Talgemeinde. Sie zählte 1733 rund 800 Einwohner, 1900 waren es noch die Hälfte. 1850 kamen auf 100 Frauen durchschnittlich bloss 37 Männer – alle anderen waren auf der Suche nach einem Auskommen ausgewandert, manche nur im Sommer, andere für immer. In der Fremde betätigten sie sich vor allem als Glaser, Maler, Korbflechter, Harzer und Pechverkäufer. Um die heimische Landwirtschaft – Viehhaltung und ein paar wenige Äcker – kümmerten sich deshalb fast ausschliesslich Frauen und Kinder.

Doch der grosse Aderlass setzte um 1960 ein. In Rossa brach die Zahl der Einwohner innerhalb einer Generation um nahezu 70 Prozent ein und erreichte 1986 bloss noch 84 Personen. Ähnliches galt für die Nachbargemeinden. Zwischen 1961 und 1986 wurden sämtliche Primarschulen der Calanca interna – Rossa, Augio, Cauco, Landarenca, Selma, Braggio, Arvigo und Buseno – geschlossen.

In den letzten Jahrzehnten setzte eine leichte Trendumkehr ein, heute leben in Rossa wieder an die 150 Personen. Es sind aber vor allem ältere Menschen. Und viele ausgewanderte Deutschschweizer, die offenbar ein Faible für das abgeschiedene Südbündner Tal im Hinterland von Bellinzona haben. Um 1960 gründete die nationale Pfadfinderinnen-Bewegung einen Lagerplatz in Bodio bei Cauco. In den 1970er-Jahren entdeckte Wilfried Graf aus Binningen das Tal, verbesserte aus eigenem Antrieb mehrere Wanderwege und war federführend bei der Realisierung

Alp di Rossiglion.

Bei Selma.

des Sentiero Alpino Calanca, der heute zwei Hütten und zwei Biwaks umfasst. Und 1979 entstand um Hans Urech aus Nebikon die Arbeitsgemeinschaft Val Calanca mit dem Ziel, Wanderwege und Zeugnisse der Kulturlandschaft zu erhalten und «Impulse zu geben, die das Tal vor zu grosser Abwanderung bewahren».

Weitere Deutschschweizer folgten dem Ruf, kamen, sahen sich um – und blieben. Überdeutlich zeigt sich dies an der Ortschaft Cauco: 1970 lag der Anteil Deutschsprachiger bei null, anlässlich der letzten Erhebung 2014 bei satten 54 Prozent. Plötzlich war aus Cauco ein mehrheitlich schweizerdeutsches Dorf geworden.

Auch Rodolfo Keller kam und blieb. Der frühere Stadtpräsident von Illnau-Effretikon und Zürcher Kantonsrat liess sich 2003 in Landarenca nieder, übernahm dort ein kleines Restaurant, führte die Herberge in der ehemaligen Dorfschule, engagierte sich an vielen Fronten und wurde 2009 Gemeindepräsident von 95 Einwohnern. Fünf Jahre später wählte ihn die neue Fusionsgemeinde Calanca zu ihrem ersten Vorsteher – er war der einzige Kandidat. Als Keller zurücktrat, folgte ihm Toni Theus ins Amt, ein Tierarzt aus Felsberg bei Chur. Selbst das historische Gedächtnis des Tals liegt weitgehend in Deutschschweizer Händen: So lebt die Kommissionspräsidentin des Archivio regionale Calanca, Anne-Marie Saxer-Steinlin, im bernischen Gümligen.

Nicht, dass sich die Einheimischen zurückgezogen oder zurückgelehnt hätten. Sie besetzen weiterhin die meisten Ämter und Chargen im Tal. Aber auffallend viele der Zugewandten und Zugewanderten ziehen mit, um dem Tal eine lebendige Zukunft zu ermöglichen.

REIZWORT BRACHE

Eine lebendige Zukunft ist in einem solchen Tal keine Selbstverständlichkeit. Nach einer langen Zeit der Entvölkerung, der fehlenden Perspektiven und des Abbaus öffentlicher Dienste keimte um die Jahrtausendwende, auch dank der Zuzüger und ihrem Einsatz, endlich etwas Hoffnung. Umso stärker war die Irritation, als 2006 die ETH-Studie «Die Schweiz. Ein städtebauliches Portrait» erschien. Um Städtebau ging es in der Streitschrift nur am Rand, vielmehr um eine Vision für ein ganzes Land aus urbaner Perspektive. Ein Team unter Führung von vier arrivierten Architekten und einem Soziologen teilte die Schweiz in fünf Klassen ein. Zuoberst die Metropolitanregionen (wie Zürich und Basel, von wo die fünf Autoren stammten), dann die Städtenetze (wie Bern), dann die Stillen Zonen (wie das Napfgebiet) und die Alpinen Resorts (wie St. Moritz). Und zuunterst die Alpinen Brachen, «Zonen des Niedergangs und der langsamen Auszehrung» mit «mangelnden Perspektiven» und durch «fehlende touristische Attraktivität» gekennzeichnet.

Zu den damals postulierten Brachen gehören sämtliche in diesem Buch vorgestellten Täler – bis auf das Val d'Hérens, das wohl in Unkenntnis der Lage zu

Auf dem Sentiero Alpino Calanca, einer beliebten mehrtägigen
Wanderroute entlang des Grenzkamms zur Mesolcina.

64 Chiesa di San Bartolomeo in Braggio.

Lagh de Calvaresc.
Sein Wasser speist den
Wasserfall von Augio.

den Alpinen Resorts geschlagen wurde. Dem Val Calanca war in der Studie gar ein eigenes Kapitel gewidmet, sozusagen als typisches Fallbeispiel. Ausführliche Erwähnung fanden darin die Millionen an Subventionen in die Infrastruktur, «um die Besiedlung aufrechtzuerhalten», und dass diese viermal höher seien als jene für die Landwirtschaft. Die Autoren stellten den Nutzen derartiger Investitionen grundsätzlich infrage und sinnierten, ob es nicht vernünftiger wäre, die Brachen finanziell aufzugeben und sich selbst zu überlassen. In einer Zeit der neoliberalen Konzepte fiel ihre Einteilung in rentable und unrentable Landesgegenden auf fruchtbaren Boden. Auch im Berggebiet schlug die Studie ein, aber eher wie eine Bombe. Oder eine Ohrfeige. Insbesondere in der Calanca. Nicht zuletzt, da rasch weitere Begriffe wie Entleerungsstrategie auftauchten.

Im gleichen Jahr veröffentlichte der Kanton Graubünden eine Analyse, die das Calancatal als «potenzialarmen Raum erster Priorität» einstufte. Potenzialarm tönte zwar auch nicht ermutigend. Doch immerhin war von einer Priorität die Rede, also von einem Handlungsbedarf – und nicht von einer Preisgabe.

Daraufhin klopften zahlreiche Journalisten bei Rodolfo Keller an, der seine Meinung deutsch und deutlich äussern konnte. Von Landarenca aus beschied er ihnen, dass sich die Leute im Tal am Begriff der Brache störten, dass es nebst finanziellen noch andere Werte gebe, dass ein Gebirgstal durchaus sehr wertvoll sei, dass der Kanton keine kohärente Strategie habe und unflexibel sei. Die NZZ zitierte ihn mit der Aussage, die Menschen in den Bergen würden nicht einfach wegwollen, «bloss weil sie nicht mehr rentieren».

Dann verebbte die Polemik, die Alpine Brache wurde beerdigt. Die Politik begann wieder, über Entwicklung statt über Abwicklung nachzudenken. Und im Val Calanca tauchte ein neuer Silberstreifen am Horizont auf: ein Nationalpark.

NATIONALPARK NEIN, NATURPARK JA?

Bereits 2000 hatte Pro Natura die Idee eines neuen Nationalparks in der Schweiz lanciert. Anfänglich zeigten mehrere Regionen Interesse, zogen sich aber rasch wieder zurück, sodass schliesslich nur noch zwei im Rennen blieben. Einerseits das Projekt Parco nazionale del Locarnese zwischen Vallemaggia, Onsernone und Centovalli (das 2018 an der Urne abgelehnt wurde). Und der Parc Adula rund ums Rheinwaldhorn. An Letzterem waren zwei Kantone, drei Sprachregionen und 17 Bündner und Tessiner Gemeinden beteiligt, darunter die ganze Calanca interna. Manche sahen im Nationalpark einen Schritt in die Zukunft, andere eine ungehörige Bevormundung. Nach 17 Jahren Vorarbeit, Planung und Gesprächen mit allen Beteiligten kam es 2016 zur Abstimmung. Die drei betroffenen Gemeinden des Calancatals votierten mit 75 bis 80 Prozent dafür, auch die Misoxer Kommunen unterstützten das Vorhaben, und mit ihnen die Nachbarn Hinterrhein und Splügen. Da sich allerdings acht Gemeinden dagegen aussprachen, besonders wuchtig jene von Vrin und Vals, war der Traum eines Nationalparks ausgeträumt.

Die enttäuschten Calanchini liessen sich aber nicht entmutigen. Sie beschlossen, aus der Asche des Parc Adula einen Naturpark auferstehen zu lassen. Der Parco Val Calanca überwand 2019 eine erste Hürde, als die Gemeindeversammlungen von Rossa, Calanca und Buseno das Dossier für die Kandidatur mit 97 Prozent Ja-Stimmen genehmigten. Es scheint eine Herzensangelegenheit zu sein. Derzeit läuft die Aufbauphase, Konzepte und Eckpunkte werden erarbeitet, 2022 sollen die Einwohner über die nächsten Schritte entscheiden.

Als grössten Trumpf sehen Initianten und Behördenvertreter die intakte und wilde Natur des Tals, das zwar abgeschieden, aber gut erreichbar sei. Und sie orten «einen grossen Einsatz und ein starkes Interesse der einheimischen Bevölkerung», die erkannt habe, welchen Mehrwert ein Park-Label dem Tal bringen könne.

Was vom Parco Val Calanca bereits konkret existiert, ist das Logo. Es zeigt eine Bergkulisse rund um einen Bergsee, den Lagh de Calvaresc. Und der hat die Form eines Herzens.

WO, WIE, WAS?

Piz della Molera.

ANREISE Die Postautos ins Calanca fahren jeweils ab der Haltestelle Grono/Bivio Calanca im Misoxer Talboden. Dorthin gelangt man ebenfalls per Postauto, sei es von Bellinzona, sei es von Chur via San Bernardino.

BESONDERE ORTE Landarenca | Augio und dessen Wasserfall | Der Pian di Alne nördlich von Cauco | Lagh de Calvaresc (3 ½ Std. oberhalb von Rossa) | Sentiero Alpino Calanca | Der abgeschiedene, hinterste Talkessel | Nicht im Calanca, aber mit viel Calanca drin: Museo Moesano in San Vittore (www.museomoesano.ch)

ANLÄSSE Festival Demenga (klassische Musik im ganzen Tal, alle drei Jahre) | Rassegna Gastronomica del Moesano (Festival der einheimischen Gastronomie in der Mesolcina und im Calanca, im Mai/Juni)

BESONDERE UNTERKÜNFTE B&B Prò de Leura oberhalb von Rossa | Ristorante Alpino, Ristorante Passetti und Hotel Valbella in Rossa | Albergo La Cascata in Augio | Ostello in Landarenca | B&B Ai Cav in Arvigo

THEMENWEG Kulturweg Via Calanca, in drei Etappen von Grono bis Rossa

EINKAUFEN Dorfladen in Arvigo, Braggio und Selma

WANDERFÜHRER Silvia Fantacci, Ueli Hintermeister, «Val Calanca», Rotpunktverlag 2009

INFORMATIONEN Ente Turistico Regionale del Moesano in San Bernardino, Telefon 091 832 12 14, www.moesano. graubuenden.ch

Rossa, das hinterste ganzjährig bewohnte Dorf.

OBENDURCH NACH BRAGGIO

SCHÖNER EINSTIEG VON DER CALANCA ESTERNA IN DIE CALANCA INTERNA, AUF EINEM HISTORISCHEN WEG INKLUSIVE HOCHMOOR.

CHARAKTER Bis zur Kapelle einfache Bergwanderung, im Abstieg nach Braggio eine Spur anspruchsvoller (T2/T3)
WANDERZEIT 3¼ Std.
AUSGANGSPUNKT Santa Maria in Calanca (955 m)
ENDPUNKT Braggio (1292 m)
ROUTE Von der Haltestelle Paese wenige Meter zurück zur Haarnadelkurve und rechts eine Gasse hinauf. Am Ristorante della Torre vorbei zum oberen Dorfrand. Teils durch Laubwald, teils über offenes Gelände kommt man zur weiten Terrasse von Bald, die man nach links ansteigend quert. Weiter durch schattigen Wald zu einer Informationstafel; dort den linken Weg wählen und zum Hochmoor Pian di Scignan. Anschliessend gewinnt der Weg noch etwas an Höhe bis zur kleinen Wiese der Kapelle Sant'Antoni de Bolada (ca. 1675 m), wo man endlich ins mittlere und hintere Val Calanca blicken kann. Sitzbänke und Picknicktisch vervollständigen den Rastplatz. Der Weiterweg führt durch eine teils felsige Flanke, an einer Stelle mit einer Kette gesichert. Bei einer Gabelung den linken, unteren Pfad einschlagen und an einigen Ruinen vorbei nach Braggio. Ehe man die Seilbahn nach Arvigo besteigt, lohnt sich ein Bummel durchs Dorf und zur schön gelegenen Pfarrkirche San Bartolomeo.

AUGIO BIS ARVIGO

AUF DEM TALWEG DIE ZWEI GESICHTER DER CALANCA KENNENLERNEN: ZWISCHEN AUGIO UND SELMA DAS BREITE UND LIEBLICHE, ANSCHLIESSEND DAS ENGE UND RUPPIGE.

CHARAKTER Bis Selma breite Wege und Strassen (T1), anschliessend etwas schmalere und teils schroffe Pfade (T2)
WANDERZEIT 2 Std.
AUSGANGSPUNKT Augio (1033 m)
ENDPUNKT Arvigo (819 m)
ROUTE Nach einem Augenschein in Augio kurz auf der Hauptstrasse talauswärts, bis ein Wanderwegschild nach links weist. Über die Calancasca und auf einem Feldweg weiter, über eine offene Ebene mit einigen Ställen, dann kurz den Fluss entlang (Grillstelle). Bald darauf, bei einer Sitzbank, auf die andere Talseite wechseln. Am Weiler Santa Domenica vorbei und unmittelbar nach der Cappella de Salan über eine rote Brücke wieder auf die linke Talseite. Etwas später gelangt man auf einen Flurweg, der wie ein Bach durch die weite, parkähnliche Auenlandschaft mäandriert. Bei Cauco gilt es abermals, einen Abschnitt auf der anderen Talseite zu umgehen, ehe man bei Bodio wieder zum linken Flussufer zurückkehrt. Kurz nach der Brücke entweder auf dem flussnahen Wanderweg weiter oder auf der Naturstrasse des Pian di Gamb mit dessen schönen Ställen. Bei Selma endet der liebliche Teil der Wanderung. Die Landschaft verengt sich, und es geht in stetem Auf und Ab durch den stotzigen Wald talauswärts, vorbei an einem Bogenschiess-Parcours und an beliebten Kletterblöcken. Zuletzt auf einer Brücke hinüber nach Arvigo.

LANDARENCA ZU FUSS

DAS WOHL SCHÖNSTE DORF IM TAL: ERHABENE LAGE, KOMPAKTER, GUT ERHALTENER ORTSKERN UND VIELE TRADITIONELLE BAUTEN. MAN KANN AUCH ZU FUSS HINAUF.

CHARAKTER Weiss-rot-weiss markierter Bergweg ohne böse Überraschungen (T2)
WANDERZEIT 1½ Std.
AUSGANGSPUNKT Arvigo (819 m)
ENDPUNKT Landarenca (1278 m)
ROUTE Das Hangdorf Arvigo lohnt einen kurzen Besuch. Von der Haltestelle auf beliebigem Weg durch die Gassen hinauf, an der Pfarrkirche San Lorenzo vorbei. Etwas weiter oben, wo das Dorf allmählich ausfranst, folgt man der oberen Strasse nach rechts. Kurz nach der Haarnadelkurve zweigt der markierte Bergweg nach Landarenca ab und gewinnt im dichten Wald allmählich an Höhe. Nach den Ställen von Mont de Dent wird die Umgebung etwas felsiger, einzelne Stellen sind mit einem Geländer gesichert. Dann folgt ein kurzes, eher unerwartetes Geröllfeld, ehe sich der Weg im engen Zickzack steil hinaufschraubt zu einer Scharte hinter einem Felszahn, wo sich an ungewöhnlicher Lage die Kapelle San Lucio e Gottardo versteckt. Von dort eine Weile waagrecht durch die Flanke und zuletzt etwas aufsteigend ins Dorf Landarenca.
VARIANTE Schwieriger, steiler und nicht immer einfach zu finden, dafür aber auch wilder ist der Aufstieg von Bodio über Cavaionc, den Bosch di Lisciunga und Bolif nach Landarenca (T3, 2 Std.).

BERGE
IN DER STADT

Lugano, die Stadt der Berge.
Im Vordergrund jene des
Val Colla.

VAL COLLA

Am Fuss des Gazzirola kauert das Dörflein Cozzo,
durch dichten Wald vor Lawinen geschützt.

ZWEI SEITEN
EINES TALES

Im Hinterland von Lugano verborgen, wirkt das Val Colla auf den ersten Blick eher unscheinbar. Ein geradlinig verlaufender Fluss, links und rechts je eine voralpine Bergkette, fertig. Erst bei näherem Hinsehen zeigt sich eine überraschend kleinräumige Struktur mit unzähligen Falten und Rippen und einer Unmenge an Seitenbächen – rund hundert dürften es sein. Vielleicht fällt die starke Gliederung dieser Landschaft deshalb nicht so auf, weil sie von dichten Laubwäldern überzogen ist, unter denen manches Detail verschwindet.

Vielfältiger als vermutet sind auch die Gipfelregionen. Im Norden springen die kahlen Kuppen des Caval Drossa und des Monte Bar ins Auge, mit ihren symmetrischen Proportionen, den nahezu perfekt abgerundeten Formen und den sanften Flanken. Weiter hinten türmt sich der 2115 Meter hohe Gazzirola auf, ein dominanter Talabschluss, breit, massig, mit lang gezogenem Gipfelfirst und einer zerfurchten Grasflanke, an deren Fuss das Dörflein Cozzo kauert. Südlich des Passo San Lucio wechselt die Geologie abrupt vom meist braunen Gneis zu Dolomit, einem hellen bis weissen Kalkstein, der gern schmale Zinnen und kühne Felsstrukturen bildet. Besonders schön lässt sich dies an den Denti della Vecchia beobachten (die, wenn auch geografisch nicht ganz korrekt, so doch traditionell zum Val Colla gehören). Die Zähne der Alten ragen wie ein verwittertes Gebiss aus dem Wald und erinnern ein wenig an die berühmten italienischen Dolomiten. Dolomit kommt zwar auch anderswo in der Schweiz vor, etwa beim nahen San Salvatore, dem Zuckerhut von Lugano; doch in Art und Gesteinsqualität sind die Denti della Vecchia schweizweit einmalig und gelten als Landschaft von nationaler Bedeutung. Da sie von sämtlichen Gletschervorstössen der letzten 2 Millionen Jahren verschont blieben, konnten die zackigen Felsgestalten bis heute ihre ungehobelten Konturen bewahren – anders als viele Schweizer Berge, die im Laufe der Zeit mehrmals abgefräst, geschliffen und poliert wurden.

Die Anwesenheit des Menschen kommt im Val Colla auf leisen Sohlen daher. Und sie ist ungleich verteilt: Während die linke Talseite, die eher schattige, bloss drei Ortschaften zählt und der schluchtartige Talboden deren zwei, befinden sich auf der Sonnenseite rund zehn kompakt gebaute Dörfer und weitere Weiler, die auf Terrassen hocken oder sich an einen schmalen Rücken klammern.

HÖCHSTER PUNKT
Gazzirola, 2115 m

TIEFSTER PUNKT
Ponte di Spada, 421 m

HAUPTFLUSS
Cassarate

HAUPTBAUMARTEN
Buche, Kastanie, Fichte, Lärche, Eiche, Esche

SCHUTZGEBIETE
BLN-Landschaft Denti della Vecchia, Waldreservat Denti della Vecchia, Landschaftsschutzgebiet Denti della Vecchia-Brè-Gandria

SIEDLUNGEN
Lopagno, Oggio, Roveredo, Treggia, Bidogno, Corticiasca, Carusio, Al Ponte, Curtina, Insone, Scareglia, Signôra, Maglio di Colla, Colla, Cozzo, Bogno, Certara, Cimadera, Piandera, Rosone, Cioascio

SCHÜTZENSWERTE ORTSBILDER
Cimadera, Bidogno

DAUERHAFT BESIEDELT BIS ETWA
1150 m

TYPISCHE FAMILIENNAMEN
Bassi, Campana, Canonica, Frapolli, Gianini, Lepori, Lucca, Marioni, Moresi, Morosoli, Petralli, Quirici, Rossini

Und hinter mancher Biegung des Geländes versteckt sich noch ein Weiler oder ein Bauernhof: Trotz stark schrumpfendem Agrarsektor gibt es viele kleine, teils nebenberuflich geführte Landwirtschaftsbetriebe mit Ziegen und Kühen sowie einige Standorte des überregional tätigen, auf Hochlandrinder spezialisierten Viehhalters Natur Konkret.

Früher oft nur zu Fuss oder auf Saumwegen erreichbar, sind die Dörfer seit den 1940er-Jahren alle erschlossen. Eine kurvenreiche Hangstrasse (die Strada Alta oder Strada Circolare) durchzieht das ganze Tal auf halber Höhe, eine weitere (die Strada Bassa) schlängelt sich tief unten durch die Talsohle. Zwei weitere Stichstrassen führen nach Cimadera und Certara. Dennoch dauert die Fahrt beispielsweise von Scareglia nach Lugano eine gute halbe Stunde – bei lediglich elf Kilometer Luftlinie. Entlegen ist das Val Colla also geblieben, Strassen hin oder her.

BERGE MITTEN
IN DER STADT

Das wohl eigentümlichste Merkmal des Val Colla ist aber: Es ist weitgehend Teil einer Grossstadt. Noch 1950 zählte das Val Colla ein Dutzend unabhängige politische Gemeinden. Sie sind alle verschwunden. Zuerst versuchten sie, ihre Kräfte mit kleinen Fusionen innerhalb des Tals zu bündeln, doch schliesslich schlossen sie sich an externe Gemeinden an. Drei Viertel der Talfläche gehören mittlerweile zur Stadt Lugano: Bogno, Certara, Cimadera, Colla, Insone, Piandera, Scareglia und Signôra haben sich 2013 unter das Dach der grössten Tessiner Stadt begeben und bilden das Quartiere di Val Colla. Damit wurden rund 1300 Coleta zu Lüganes – zumindest auf dem Papier. Das restliche Viertel des Tals hat sich bereits 2008 für die Gemeinde Capriasca entschieden, jene um den Hauptort Tesserete. Dort leben sie ebenfalls als Quartiere weiter, als Lopagno-Roveredo und Bidogno-Corticiasca mit insgesamt knapp 1000 Einwohnern. Die beiden neuen Gemeinden überlappen sich an einer Stelle gar: Zwischen Corticiasca und Scareglia befindet sich ein schmaler Streifen, der sowohl Capriasca wie Lugano gehört, eine sogenannte Kommunanz. Eine seltsame Konstellation, die in der Schweiz nur gerade zweimal vorkommt.

Aus dem ruralen und abgeschiedenen Tal, gemäss einer ETH-Studie – mehr dazu im Kapitel zum Val Calanca auf Seite 62 – nichts als eine alpine Brache, ist nun ein Stadtviertel geworden. Zweifellos eine ungewohnte Vorstellung, ein kleines Dorf wie Cimadera, auf 1100 Metern am Steilhang gebaut und mit rund hundert Einwohnern, als Teil einer Stadt zu sehen und zu verstehen. Oder sich vorzustellen, dass es mitten in Lugano Alpbetriebe gibt und Bergkäse produziert wird. Aber im Tessin, wo Gemeindefusionen seit zwanzig Jahren erprobt werden und oft auf grosse Zustimmung stossen, ist das Zusammenfinden und Zusammen-

Cimadera gehört seit 2013 ...

... zur Stadt Lugano.
Im Hintergrund Caval Drossa
und Monte Bar.

spannen zwischen so gegensätzlichen Siedlungstypen – von den dichten, urbanen Innenstädten über die Agglomerationen und ländlichen Gemeinden bis zu den Bergdörfern – keine Ausnahme mehr. Auch Bellinzona und Mendrisio haben sich zu heterogenen Grosseinheiten entwickelt, nur das Locarnese scheint sich mit solchen Ideen noch schwerzutun.

Mit der Erweiterung von 2013 hat Lugano, mit gut 60 000 Einwohnern auf Platz 9 unter den Schweizer Städten, vor allem flächenmässig stark an Boden gewonnen. Ihr Gebiet reicht nun vom Seeufer auf 270 Metern – oder gar vom Seegrund auf minus 17 Metern – bis zum 2115 Meter hohen Gazzirola. Damit ist sie unter den grossen Städten eindeutig die gebirgigste und am dünnsten besiedelte. Und die mit Abstand grünste, mit einem Waldanteil um 60 Prozent und weiteren 17 Prozent Landwirtschaftsfläche.

Frauen posieren mit ihren typischen **«CARGANSCH»**, den grob geflochtenen Rückenkörben, im November 1935 vor der Kirche von Bidogno. Geladen haben sie nicht wie üblich Gras, Heu oder Laub, sondern «Skys» und werden gleich aufbrechen zum zweistündigen Aufstieg bis zu den Schneehängen am Monte Bar. Es ist ein beliebter Nebenerwerb: Pro Paar Ski gibt es 50 Rappen, Stöcke nicht inbegriffen, wobei die Trägerinnen meist drei bis vier Paar aufs Mal schaffen. Auch ein guter Teil des Baumaterials für die Errichtung der Capanna Monte Bar gelangte auf weiblichen Schultern von Bidogno zur Baustelle. Zur Einweihung der Berghütte im Dezember 1936 wird den zahlreichen Besuchern eine Pauschale angeboten: Fahrt von Lugano nach Bidogno, Skitransport bis zur Capanna, Tee, Risotto und Hüttenaufenthalt, Rückfahrt nach Lugano, alles für vier Franken.

Eine der vielen Dolomitzinnen der Denti della Vecchia.

VIELFÄLTIGES
NAHERHOLUNGSGEBIET

Trotz schöner Bergdörfer und eines intakten Landschaftsbilds ohne störende Eingriffe konnte sich das Val Colla nie als touristische Destination etablieren. Es fehlte ihm wohl das Spektakuläre einer dramatischen oder besonders lieblichen Natur, und auch sonst hatte es dem Besucher wenig zu bieten: keine Heilquellen, keine Bergseen, keine Wasserfälle, keine Pärke, keine antiken Ruinen. Selbst für Tagesausflüge, etwa für die vielen Feriengäste in Lugano, eignete sich das Tal denkbar schlecht: Noch um 1910 dauerte die Fahrt mit der Pferdepost vom Stadtzentrum nach Maglio di Colla geschlagene dreieinhalb Stunden. Und so konnten im Tal auch keine Hotelpaläste oder sonstige Infrastrukturen entstehen. Daran hat sich bis heute kaum etwas geändert. Die Suche nach Hotels und B&Bs auf der Plattform von Ticino Turismo ergibt, Stand 2020, gerade mal zwei Treffer für das ganze Tal: ein Eco Hotel in Roveredo mit sieben Zimmern und eine Öko-Jurte in Maglio di Colla mit Platz für maximal sechs Personen. Kaum eine Region im Tessin ist so tourismusfrei.

So unterbewertet das Val Colla als Ferienregion ist, so beliebt ist es seit Generationen als Naherholungsgebiet. Der Monte Bar etwa gilt als Wiege des Skifahrens im Sottoceneri. Hier fanden die ersten Skischulen des Tessins statt, 1935 wurde die Alpe Musgatina als Winterquartier gemietet, ein Jahr später die Capanna Monte Bar für den Skisport gebaut. An manchen Sonntagen tummelten sich 300 und mehr Schneebegeisterte an den Hängen unterhalb der Hütte.

Viel später, 1985, organisierte der örtliche SAC am Monte Bar auch ein Skitourenrennen – ein Rallye, wie man damals sagte, als der heutige Trendsport noch in den Kinderskischuhen steckte. Daneben existierte ab 1983 auch eine Langlaufloipe, 3 Kilometer lang, von Bogno via Certara nach Cimadera. Das Rennen wie die Loipe hatten angesichts der fehlenden Schneesicherheit ein kurzes Leben. Geblieben und im Hochwinter oft besucht sind die klassischen Skitouren auf den Monte Bar, den Gazzirola und die Cima di Fojorina. Unterschätzen sollte man das Gelände nicht, es gab schon mehrere Lawinenunfälle.

Ebenfalls in den 1930ern setzte die Erschliessung der Denti della Vecchia ein, die damals auch Canne d'Organo (Orgelpfeifen) hiessen. Rasch avancierten die bizarren Felstürme zum wichtigsten Sportklettergebiet des Tessins und zu einer Heimat der regionalen Bergsteigerszene. Landschaftlich gehören sie zweifellos zu den schönsten voralpinen Klettergebieten der Schweiz. Das griffige Gestein ist weitum bekannt. Hunderte von Routen mit bis zu fünf Seillängen in fast allen Schwierigkeitsgraden stehen zur Auswahl, und sie verteilen sich auf zahlreiche Sektoren, weshalb man im verwinkelten Gebiet selbst während der Hochsaison – im Frühling und Herbst – stets eine ruhige Ecke zum Klettern findet. Allerdings hat die Popularität der Denti in den letzten zwanzig Jahren etwas nachgelassen: Heutzutage gilt ein Anmarsch von einer guten Stunde bis zum Routeneinstieg für viele Kletterer bereits als Zumutung.

Das hügelige Gelände eignet sich natürlich auch fürs Wandern. Dank einiger Berghütten an der Strecke lassen sich sogar mehrtägige Trekkings zusammenstellen. Besonders beliebt ist die technisch einfache und konditionell recht gemütliche, in der Regel dreitägige Umrundung des ganzen Tals entlang der Kreten, von Roveredo über den Monte Bar, den Gazzirola, die Denti della Vecchia und den Monte Boglia bis zum Monte Brè – mit Übernachtung in der Capanna Monte Bar, eventuell auf dem San Lucio und in der Capanna Pairolo. Entlang dieses Wanderklassikers verläuft auch die Paradestrecke des seit 2013 jährlich stattfindenden Berglaufs namens Scenic Trail. Der Name erinnert an die besonders malerische Szenerie. Die stark kupierte, dauernd wechselnde Landschaft, der Blick auf den Lago di Lugano sowie die Aussicht von der Poebene über die Bündner und Berner Alpen bis zu den Walliser Viertausendern inklusive Monte Rosa – das alles hat die Jury der Swiss Trail Awards überzeugt: Gleich dreimal in Serie ging der Preis für den schönsten Berglauf der Schweiz ins Val Colla.

Dichter Buchenwald am Fuss der Denti della Vecchia.
Seit 2018 ist die Region ein Naturwaldreservat.

DIE WECHSELVOLLE GESCHICHTE DES WALDES

Buchen und Kastanien, aber auch Eschen, Eichen und Ahorne überziehen wie Flauschteppiche weite Teile des Tals und verleihen ihm eine weiche, fast pelzige Textur. Nur in den höheren Lagen der nördlichen Bergkrete, zwischen Caval Drossa und Cima Moncucco, halten sich die strengen Fichten, da und dort aufgelockert durch weniger stramme Lärchen. Und auf der gegenüberliegenden Seite, an der Cima di Fojorina, breitet sich ein hierzulande seltenes Schauspiel aus: ein ganzer Wald aus Legföhren. Dazwischen findet man auch offene Flächen aus Maiensässen, Alpweiden und alpinen Rasen. Sowie da und dort ein Meriggio, eine Baumgruppe mitten im Weidegebiet, die den Kühen in der Hitze des Mittags (des «meriggio» eben) Schatten spendete und während heftigen Gewittern Schutz. Aber auch grossflächige Aufforstungen wie am Monte Bar, der einem Flickenteppich gleicht. Ein Hinweis darauf, dass die Geschichte der Wälder im Val Colla eine wechselvolle war.

Ursprünglich war das Val Colla wohl vollständig mit Wald bedeckt. Dann kam der Mensch und begann bereits im Mittelalter, Bäume in grossem Stil zu fällen. Das setzte sich über Jahrhunderte fort, wie fast überall in Europa. Um 1850 präsentierte sich das Tal weitgehend kahl, und wo noch etwas wuchs, war es meist Niederwald. Weshalb es so weit kam, hängt mit der wachsenden Bevölkerung zusammen. Einerseits benötigte man für die Tierhaltung immer grössere Weideflächen. Andererseits brauchte man das Holz zum Heizen und Kochen. Und auch als Baumaterial, sei es im Tal selbst oder in den nahen Siedlungsgebieten des Luganese und der Lombardei.

Das Fehlen der Wälder führte zu Erosion, Erdrutschen und Murgängen. 1896 kam es in Corticiasca nach lang anhaltendem Regen zu einem Erdrutsch – wobei offenbar nicht die oberste Bodenschicht abging, sondern eine unter der Grasnarbe liegende. Die Bewohner sollen gespürt haben, wie «der Boden unter ihren Füssen langsam wegrutschte». Personen kamen dabei keine zu Schaden, aber das unterirdische Abgleiten brachte acht Häuser zum Einsturz. Ebenso viele Familien mussten von Corticiasca wegziehen und bauten sich ein neues Heim im nahen Albumo. Vom alten Dorf, Corticiasca vecchia, bleiben heute nur noch eine Handvoll Häuser.

Die Politik hatte indes nicht auf diesen Weckruf gewartet, sondern bereits ein Jahrzehnt früher begonnen, die Wälder des Kantons wiederaufzubauen und zu schützen. Fast neunzig Jahre lang wurde im Val Colla mit grossem Erfolg aufgeforstet. Gleichzeitig nahm der Bevölkerungsdruck ab, Brennholz wurde durch elektrischen Strom ersetzt und die Tierhaltung allmählich aufgegeben. Was wiederum die Vergandung, Verbuschung und die Rückkehr des Walds erleichterte. Das Val Colla wurde immer grüner.

Schottische Hochlandrinder beweiden manchen Hang des Val Colla.

Dann kam der Dezember 1973, und mit ihm einer der grössten Waldbrände der modernen Schweiz. Praktisch die ganze nördliche Talhälfte oberhalb der Dörfer und der Hauptstrasse brannte lichterloh, Rauch und Asche verdunkelten während drei Tagen den Himmel über dem ganzen Luganese. Als das Feuer gelöscht war, zeigte sich das Ausmass der Schäden: Rund 2000 Hektaren Wald und Wiesen waren verbrannt, darunter gegen 250 Hektaren Schutzwald und Pflanzungen. Die Wunden von 1973 sind inzwischen verheilt, die Schutzwälder stehen wieder, man sieht sie schön an den Hängen des Monte Bar. Lehrreich war die Katastrophe auch für die Verhütung und Bekämpfung von Waldbränden – eine Naturgefahr, mit der das Tessin weit stärker und häufiger konfrontiert ist als jeder andere Kanton.

Die Errichtung der Riserva forestale Denti della Vecchia 2018 markiert einen vorläufigen Höhepunkt auf einem mehr als hundert Jahre dauernden Weg: dem erfolgreichen Weg von einem abgeholzten Tal zurück zu einer grünen Oase.

WO, WIE, WAS?

Roveredo, Gemeinde
Capriasca.

ANREISE Tesserete und Sonvico, beide per Bus von Lugano erreichbar, sind die Einfallstore ins Val Colla. Eine Postautolinie (Nr. 448) führt von Tesserete durch alle sonnseitigen Dörfer bis Bogno und hinunter zum Maglio di Colla, eine weitere (Nr. 447) von Tesserete den Talboden entlang nach Maglio di Colla und weiter via Cimadera nach Sonvico.

BESONDERE ORTE Cimadera | Denti della Vecchia | Gazzirola | Capanna Monte Bar (vor allem mit Übernachtung bei guter Fernsicht) | Die Grotti in Arla (zwischen Sonvico und Piandera) | Die Reste des Grenzzauns südlich und nördlich des Passo San Lucio

ANLÄSSE Carnevale El Coleta in Maglio di Colla (meist ein paar Wochen vor der «richtigen» Fasnacht) | Scenic Trail (internationaler Berglauf, am zweiten Wochenende im Juni)

BESONDERE UNTERKÜNFTE Ecoyurta in Maglio di Colla | Eco Hotel Locanda del Giglio in Roveredo | Capanna Monte Bar und Pairolo | Baita del Luca | Agriturismo Alpe Cottino

EINKAUFEN Keine Möglichkeiten im Tal

LESETIPPS Kein Buch, sondern ein reicher und gut erschlossener Kulturschatz: das Archivio audiovisivo di Capriasca e Val Colla (www.acvc.ch) | Ebenfalls eine Fundgrube für allerlei Geschichten sind die jährlich erscheinenden «Quadernetti della Val Colla», online zu finden unter www.amicidellavalcolla.com

INFORMATIONEN Ente Turistico del Luganese mit Hauptsitz in Lugano (Piazza della Riforma) und Informationsstellen etwa beim Bahnhof Lugano und beim Busterminal von Tesserete, Telefon 058 220 65 00, www.luganoregion.com

Insone und Scareglia,
Stadt Lugano.

VON CIMADERA BIS COLLA

FAST OHNE ANSTRENGUNG VON DORF ZU DORF SCHLENDERN, DIE WEICHE LANDSCHAFT GENIESSEN UND ARTENREICHE LAUBWÄLDER BESTAUNEN.

CHARAKTER Meist breite Flurwege und Strässchen (T1), ausser im Valle Scura und zwischen Bogno und Cozzo (T2)
WANDERZEIT 2½ Std.
AUSGANGSPUNKT Cimadera (1081 m)
ENDPUNKT Colla (997 m)
ROUTE Durch die Gassen von Cimadera zum oberen Dorfrand und auf einer Strasse nach links hinaus. Nach der ersten Kurve bei einer Verzweigung den unteren Flurweg nehmen, der leicht absteigend durch Wald und Lichtungen führt. Nach einer Weile verengt er sich zu einem schmalen Bergweg, quert ein Tälchen (Valle Scura) und mündet bald wieder in einen bequemen Flurweg. Auf diesem durch zwei Täler nach Certara. Dort die obere Strasse wählen, durchs Dorf und zu einem Feldweg, der um eine Wiesenkuppe nach rechts dreht. Nach einer Weile über den Fluss Cassarate und nach Bogno. Kurz auf der Strasse Richtung Cozzo bis zur Haltestelle Cappella di Bogno, wo rechts ein Weg abzweigt. Auf diesem eine Viertelstunde hinauf, quer durch eine Weide zu den Barchi und wieder hinab zur Hauptstrasse. Auf dieser durch das Dorf Cozzo und weiter, bis 3 Minuten nach einer Brücke rechts ein Wanderweg ansetzt. Auf diesem hinauf, an Ställen vorbei und zu einer Verzweigung mit Wegweiser: von dort hinab zur grossartig gelegenen Kirche Santi Pietro e Paolo Apostoli und ins Dorf Colla.
VARIANTE Von Colla in 20 Minuten hinab nach Maglio.

CAPANNA PAIROLO

DIE HÜTTE IST NICHT NUR AUSGANGSPUNKT FÜR KLETTEREIEN AN DEN DENTI DELLA VECCHIA, SONDERN AUCH LOHNENDES WANDERZIEL. FEINE KÜCHE UND BLICK ZUM MONTE ROSA.

CHARAKTER Gute Flur- und Bergwege, zumeist durch Wald (T1/T2)
WANDERZEIT 3 Std.
AUSGANGSPUNKT Cimadera (1081 m)
ENDPUNKT Sonvico (600 m)
ROUTE In Cimadera durchs Dorf links hinauf, auf einem Strässchen um einen Rücken herum, gleich danach den ansteigenden Weg wählen und auf dem breiten Trassee über den Rücken via Prato Bello zu einer Kapelle. Dort taucht man in den Wald ein und gelangt über einen Sattel mit Wegweiser zur Capanna Pairolo (1349 m). Von der Hütte leicht absteigend westwärts und über Weiden zu einem Abzweiger am Waldrand. Dort den rechten Weg wählen und über einen Rücken zu den obersten Wiesen des Maiensässes Cioascio. Steil hinab, an schönen Steinhäusern vorbei, zur schmalen Erschliessungsstrasse. In einigen Schlaufen führt sie durch einen steilen Wald zu einer Ebene mit Bauernhöfen. Nun auf einer Flurstrasse und zuletzt rund 10 Minuten auf der Hauptstrasse zum sehenswerten Dorf Sonvico.

TAGELANG OBENDURCH

AUSNAHMSWEISE MAL EINE LÄNGERE TOUR: DER LANGE RITT ÜBER DIE KRETEN DES VAL COLLA GEHÖRT ZU DEN SCHÖNSTEN LEICHTEN MEHRTAGESTOUREN DER SCHWEIZ.

CHARAKTER Gute Bergwege. Vereinzelt weglose, aber stets markierte Abschnitte, im Abstieg von der Cima di Fojorina sowie in den Denti della Vecchia teils leicht ausgesetzt (T2/T3)
WANDERZEIT Erster Tag rund 4 Std., zweiter Tag gut 6 Std., dritter Tag 4½ Std.
AUSGANGSPUNKT Roveredo (718 m)
ENDPUNKT Monte Brè (928 m)
ROUTE Sämtliche Wege sind gut markiert. Tag 1: Von Roveredo via Monti di Roveredo, Borisio und Motto della Croce zum Caval Drossa. Weiter zum Monte Bar (1816 m) und hinab zur gleichnamigen Hütte. Tag 2: Via Cima di Moncucco oder um diese herum zum Passo di Pozzaiolo. Aufstieg zum Gazzirola (2115 m) und über einen langen Kamm südwärts zum Passo San Lucio mit Übernachtungsmöglichkeit in zwei Berghütten. Weiter auf oder neben der Landesgrenze zur Bocchetta di San Bernardo, hinauf zur Cima di Fojorina (1809 m) und westwärts hinab zur Capanna Pairolo. Tag 3: Zum Grenzgrat hoch, durch die bizarre Landschaft der Denti della Vecchia und hinab zur Lichtung Pian di Scagn. Steiler Gegenaufstieg auf den Monte Boglia (1516 m) und ebenso steiler Abstieg nach Brè. Von dort zum nahen Monte Brè und mit der Standseilbahn nach Lugano-Cassarate.
VARIANTE Die Etappen können abgekürzt werden, indem man die jeweils höchsten Gipfel umgeht. Und mit Übernachtung auf dem Passo San Lucio lässt sich die zweite Etappe aufteilen.

DIE KLEINE
WEITE WELT

82

La Fouly.

VAL FERRET

84

Eringerkühe bei Ferret.

GRÜNE HEIMAT
DES RACLETTE

« Manchmal sagen die Teamkollegen zum Skifahrer Daniel Yule, er wohne am Ende der Welt. Sie sagen es im Spass, doch weit kann es nicht mehr sein von Branche d'en Haut bis dorthin.» So beginnt eine Reportage über den Walliser Slalomspezialisten aus dem Val Ferret, 2018 in der «Neuen Zürcher Zeitung» erschienen. Herr Yule wird uns noch begegnen, aber zuerst wollen wir uns kurz dem Ende der Welt widmen. Die Erde, das weiss man bestimmt auch bei der NZZ, ist eine Kugel. Und eine Kugel hat kein Ende. Sondern einen Kern, der im Fall unseres Planeten unbewohnt ist, und eine runde Oberfläche, auf der sämtliche Menschen leben. Egal, ob Auckland, Branche d'en Haut, Chicago oder Dakar: Sie alle sind etwa gleich weit entfernt vom Erdmittelpunkt. Es ist also, wenn überhaupt, eine Frage der Perspektive. Für das gute Dutzend Menschen, die dort leben, ist Branche d'en Haut der Anfang der Welt.

Was die NZZ wohl meint: Dass das Val Ferret auf der Schweizer Karte etwas peripher liegt. Unten links, sozusagen der helvetische Südwestpol. Aber gleich dahinter geht die Welt ganz einfach weiter. Und heisst dann Italien, oder Frankreich. Die Fortsetzung auf der italienischen Seite trägt, so ganz nebenbei, ebenfalls den Namen Val Ferret. Man könnte deshalb sogar behaupten, es sei das offenste aller Täler: ohne Ende, dafür mit zwei Anfängen.

Das Val Ferret, das schweizerische, gehört zum Bezirk Entremont, der Region zwischen den Bergen. Links und rechts ragen teils abschüssige Flanken in die Höhe. Doch der Talboden ist nirgends düster eingeschnitten, für Walliser Verhältnisse sogar lieblich. Die Dörfer kleben nicht am Steilhang wie anderswo, sondern ruhen in der Ebene. Davon zeugen selbst die Ortsnamen. Abgesehen von Orsières, der Bärenhöhle, und Branche, der Pfote, stehen da: Somlaproz, die obere Wiese, Issert, die Rodung, Praz-de-Fort, die abgelegene Wiese, Prayon, die kleine Wiese, La Fouly, der Laubwald, und, etwas abseits, Champex, das kleine Feld. Sogar die Talbezeichnung passt ins Bild: Ferret bedeutet schlicht und einfach fruchtbar.

Besonders fruchtbar ist der hinterste Talabschnitt bei La Fouly. Schön offen, licht, grün, Wiesen, Wälder. Und rundherum zahlreiche Alpweiden: Mont-Percé, Plan-la-Chaux, La Peule, Les Ars, La Léchère. Auf dem markierten Sentier des Bergers kann man sie gut besuchen und mit eigenen Augen feststellen, dass sie alle noch bestossen werden, oft mit den kleinen und stämmigen, dunklen Eringerkühen. Viele Menschen leben hier von der Tierhaltung. Sie sind stolz auf ihren Raclettekäse – zu Recht, wie wir finden. Raclette ist in diesem Tal eindeutig kein Industrieprodukt, sondern ein Stück Natur, das von Alp zu Alp unterschiedlich schmeckt, ja von Woche zu Woche – denn das Angebot an Gras, Kräuter und Blumen auf den Weiden ändert im Lauf des Sommers und wirkt sich unmittelbar auf den Charakter des Käses aus.

Nebst den Kühen verbringen mehr als tausend Schafe den Sommer im Val Ferret. Ausgerechnet mitten in dieser gut eingespielten traditionellen Alpbewirtschaftung tauchte 1994 der Wolf auf. Am 3. Oktober riss er beim Col Ferret sechs Schafe, im November sechs weitere bei Prayon. Bald zeigte sich, dass es gar zwei Wölfe waren. Die Risse sorgten für Angst und Verunsicherung: Niemand hatte Erfahrung im Umgang mit dem Wolf, der ja ein gutes Jahrhundert zuvor landesweit ausgerottet worden war. Innerhalb von eineinhalb Jahren töteten die beiden Raubtiere zwischen Orsières und dem Col Ferret 96 Schafe, allein beim Halter Florian Volluz aus Orsières waren es 65. Dann zogen sie ab. 1997 widmete ihnen La Fouly einen Lehrpfad. Wie sich später zeigen sollte, markierten die Ereignisse im Val Ferret den Anfang der Rückkehr des Wolfs in die Schweiz. Eine Rückkehr, die rasant vor sich ging: Derzeit leben hierzulande bereits mehr als sechzig Exemplare. Und sie haben längst Rudel gebildet, sich also richtig niedergelassen.

Da wir schon bei den Tieren sind: La Fouly bietet auch eine kurzweilige Wanderung mit dem süssen Namen «Charlotte la Marmotte». Dabei geht es um das niedliche Murmeltier und um eine kindergerechte Vermittlung lokaler Ökosysteme. Die abenteuerlustige Charlotte, mit schmuckem Enzian hinter dem Ohr und einem saftigen Grashalm zwischen den Zähnen, lebt nicht nur im Val Ferret: In den nahen Ferienorten Champex, Les Marécottes, La Forclaz, Finhaut und Bruson kann man sie ebenfalls besuchen, auf weiteren thematischen Lehrpfaden mit Pfiff.

VOM MAIENSÄSS ZUM FERIENORT

Ursprünglich war La Fouly, der bekannteste Ort im Tal, ein einfaches Maiensäss. Hier verbrachten die Leute aus Orsières mit ihren Tieren bloss die Zwischensaison, im Frühsommer auf dem Weg zu den bereits erwähnten Alpen, im Herbst auf dem Weg zurück ins Tal. Im Winter kehrte dann die grosse Ruhe ein.

Um 1850 setzte ein bescheidener Sommertourismus ein. Die Besucher waren zunächst Urlauber, die von Courmayeur nach Martigny reisten. Der Fussweg über den Col Ferret bot ihnen eine kürzere und lohnende Alternative zum bekannteren Grossen St. Bernhard. Unterwegs schauten sie beim Abstieg nach La Fouly bestimmt nach links hoch, zum Mont Dolent. Der 3820 Meter hohe, stark vergletscherte Berg dominiert das hintere Tal und gehört geologisch zum Mont-Blanc-Massiv, besteht also aus Granit. Eine Augenweide, ein wilder Berg mit klaren Konturen, formschön und beeindruckend. Wikipedia bescheinigt ihm, seit je «eine grosse Anziehungskraft auf alle Alpinisten» auszuüben.

Der Mont Dolent war schon immer ein Berg mit Symbolkraft.
So stiegen am 1. August 1993 gleichzeitig rund dreissig Seilschaften
von allen Seiten zum Dreiländergipfel hoch, um für den Schutz
des Mont-Blanc-Massivs zu demonstrieren.

Erstmals bekam der Mont Dolent im Jahr 1864 Besuch. Und zwar von einer Seilschaft um den Matterhorn-Erstbesteiger Edward Whymper, dem berühmtesten Alpinisten seiner Zeit. In der Folge kam die Besteigung des Dolent rasch in Mode. Einerseits, weil dort die Schweiz, Italien und Frankreich – die drei alpinsten Länder Europas – aufeinandertreffen. Aber auch, weil Whymper die Tour in einem Buch rühmte: «Der Gipfel selbst war klein, ja winzig, der reizendste schmale Schneekegel, der sich jemals auf einer Bergspitze angesammelt hat – so weich und rein, dass es ein Verbrechen schien, ihn zu betreten. Es war eine Miniatur-Jungfrau, ein Spielzeug-Gipfel: Man konnte ihn mit der Hand bedecken. An der Aussicht vom Mont Dolent war aber nichts klein.» Sekundiert wurde er von seinem Seilpartner Anthony Adams Reilly, der befand, auf dem Gipfel entfalte sich «das zarteste und schönste Bild, das ich jemals gesehen habe [...] die Aussicht ist ebenso ausgedehnt, aber weit lieblicher als jene vom Mont Blanc selbst.»

Wenig später, 1876, wurde der zweite grosse Gipfel bei La Fouly erstbestiegen, der Tour Noir. Auch er avancierte zum Klassiker. Im selben Jahr entstand die erste SAC-Hütte im Tal, die Cabane d'Orny, der nach und nach weitere folgten: die Saleinaz (1893), die Trient (1906), die A Neuve (1927) und viel später das Dolent-Biwak (1973). Der Alpinismus war eine treibende Kraft bei der touristischen Entwicklung und brachte grosse einheimische Bergführer hervor, von denen zwei herausragen: Michel Darbellay, der als Erster die Eiger-Nordwand im Alleingang schaffte (und 1969 das heute noch existierende Camping des Glaciers bei La Fouly eröffnete), sowie Jean Troillet, Himalaja-Spezialist, der auf zehn Achttausendern stand und als Erster mit dem Snowboard über die Everest-Nordflanke abfuhr.

Aber kehren wir zu den Feriengästen zurück. Lange stand ihnen im Tal bloss eine Pension zur Verfügung, im kleinen Weiler Ferret, sowie eine bescheidene Auswahl an Privatzimmern. 1925 kam das stattliche Grand-Hôtel in La Fouly hinzu und lockte nun auch eine komfortbewusstere Kundschaft an. Es war die Blütezeit der Sommerfrische. Die Leute blieben länger, unternahmen Ausflüge, kleine und grosse Wandertouren, vielleicht auch mal eine Gletschertraversierung.

HÖCHSTER PUNKT
Aiguille d'Argentière, 3898 m

TIEFSTER PUNKT
Einmündung in die Dranse d'Entremont bei Orsières, 915 m

HAUPTFLUSS
Dranse de Ferret

HAUPTBAUMARTEN
Fichte, Lärche

SCHUTZGEBIETE
Auengebiete Glacier de l'A Neuve, Prayon und Praz-de-Fort, Jagdbanngebiet Val Ferret/Combe de l'A

SIEDLUNGEN
Prassurny, Somlaproz, Issert, Les Arlaches, Praz-de-Fort, Branche, Prayon, La Fouly, Ferret

SCHÜTZENSWERTE ORTSBILDER
keine

DAUERHAFT BESIEDELT BIS ETWA
1700 m

TYPISCHE FAMILIENNAMEN
Biselx, Copt, Darbellay, Droz, Formaz, Jordan, Lovey, Murisier, Sarrasin, Thétaz, Tissières

Unterwegs zum Chantonnet.

Die erste Unterkunft für Alpinisten im schweizerischen Mont-Blanc-Gebiet war die **CABANE D'ORNY**, 1876 am damaligen Rand des Gletschers erstellt. Die rudimentäre, an den Hang gelehnte Steinhütte in Trockenbauweise bot rund zehn Personen Platz. Da sie den zunehmenden Besucherzahlen bald nicht mehr genügte, wurde sie 1893 durch die hier abgebildete Holzhütte mit rund dreissig Schlafplätzen ersetzt – eine damals beliebte Konstruktionsart, die deutlich weniger unter der Feuchtigkeit litt. Die Holzelemente wurden in Lausanne gefertigt, nach Orsières gefahren und von dort zum Standort gebuckelt. Während gut achtzig Jahren versah die Hütte ihren Dienst, ohne jegliche Erweiterung. 1977 entschied sich der SAC für einen längst fälligen Neubau etwas weiter oben am Gletscher. Die alte Holzhütte wurde aber nicht verfeuert, sondern säuberlich demontiert und an die Dent de Vaulion im Waadtländer Jura verlegt, wo sie bis heute jedem Wetter standhält.

89

Die Cabane d'Orny am heutigen Standort, hoch über dem gleichnamigen Glacier.

La Fouly, im Winter ein
überaus friedlicher Flecken.

Issert, Les Arlaches und
Praz-de-Fort, die ersten drei
Dörfer im Tal.

FAMILIÄR
IM WINTER ...

Im Winter hingegen blieb es in der Region weiterhin still, derweil andernorts in der Schweiz Skilifte und Seilbahnen aus dem Boden schossen. In La Fouly kam der Schneesport erst Ende 1965 an. In jenem Jahr wurde die Strasse erstmals auch im Winter geöffnet – davor war in Praz-de-Fort jeweils Endstation – und ein kleiner Skilift eingerichtet. In der Folge entstanden rund ums einstige Maiensäss viele Ferienhäuschen. Heute ist das Dorf nicht nur die hinterste ganzjährig bewohnte Siedlung, sondern eine etwas unordentliche Mischung aus alten Holzbauten und neueren Chalets. Jenseits des Bachs stehen weitere Häuser, wie locker hingewürfelt. Von einer architektonischen Perle kann man kaum sprechen, die Stimmung aber ist ausgesprochen friedlich und ungezwungen.

Das kleine Skigebiet lässt vor allem Unterwalliser und Waadtländer schwärmen. Es sei familiär, einfach, «sympa», mit schönen Pisten und wilden, anspruchsvollen Variantenabfahrten. Daniel Yule, der eingangs erwähnte erfolgreichste Slalomfahrer der Schweiz, hat hier das Skifahren erlernt. Für ihn sind der Sessellift und die zwei Skilifte seine «station de ski préférée». Zwischen den Abfahrten essen die Skigäste im Restaurant am Pistenrand mittags nicht etwa Spaghetti Bolo aus dem Wasserbad oder Rösti mit Bratwurst auf dem Tablett, sondern geniessen Moules, eine Lammkeule aus der Region oder ein Fondue am stilvoll gedeckten Tisch. Savoir-vivre.

... UND INTERNATIONAL
IM SOMMER

Friedlich ist La Fouly auch während der warmen Jahreszeit. Dann aber wesentlich internationaler. Auf Darbellays Campingplatz begegnet sich halb Europa, im Dorf selbst kommt die Welt vorbei. La Fouly ist ein wichtiger Etappenort der Tour du Mont Blanc. Dass Schweizer, Franzosen und Italiener auf den Socken sind, um den höchsten Gipfel der Alpen zu umrunden: geschenkt. Aber auch unterhaltsame Vertretungen aus der iberischen Halbinsel trifft man an, Nordeuropa ist unterwegs, insbesondere aus dem wanderfreudigen Deutschland und den aufgeschlossenen Niederlanden, dazu kontaktfreudige Teile des Commonwealth. Und ganze Gruppen aus den Ländern der aufgehenden Sonne verbreiten ihr zurückhaltend-höfliches Lächeln. Im Dorfladen vermischen sich japanische Sprachfetzen mit spanischen, englischen und schwedischen, gefragt sind weder Luxusuhren noch komplizierte Schweizer Taschenmesser, sondern Brot, Käse, Wurst, Bier, Landkarten, Sonnencreme und Blasenpflaster. Dazwischen tauscht man Tipps aus über Wanderrouten, Einkehrmöglichkeiten und gute Wi-Fi-Spots. Eine so globale wie entspannte Atmosphäre. «Dem Val Ferret scheint weder die Nähe des internationalen, mondänen Tourismus in Verbier noch die Hektik der Verkehrsachse des Grossen St. Bernhard etwas anzuhaben», schreibt Elsbeth Flüeler, ehemalige Geschäftsleiterin von Mountain Wilderness Schweiz, in ihrem Führer «Wandern rund um den Montblanc».

Yules Eltern kamen aus Grossbritannien, der Vater 1967, die Mutter 1986. Hier sind sie heimisch geworden. Sohn Daniel spricht von Haus aus Französisch und Englisch, dazu perfekt Italienisch, fliessend Deutsch und Spanisch. Sollte das Val Ferret tatsächlich das Ende der Welt sein, dann ist es wohl ein ziemlich weltoffenes.

WO, WIE, WAS?

Das Quellgebiet der Dranse de Ferret beim Grand Golliat.

ANREISE Von Martigny mit der Bahn via Sembrancher (umsteigen) nach Orsières. Ab dort mit dem TMR-Bus weiter – ganzjährig bis La Fouly, im Sommer und Frühherbst bis Ferret. Champex wird ebenfalls ab Orsières bedient.

BESONDERE ORTE Das ehemalige Gletschervorfeld von L'A Neuve, oberhalb des Camping des Glaciers bei La Fouly | Der Blick vom Grand Col Ferret auf die italienische Seite des Mont-Blanc-Massivs | Die schwierig zu erreichende Cabane de Saleinaz mit ihrem Gletscher | Botanischer Alpengarten in Champex-Lac (www.flore-alpe.ch) | Combe de l'A (ein unbesiedeltes, wildes und wildreiches Paralleltal zum Ferret)

ANLASS Désalpe (Alpabzug) in La Fouly, jeweils am dritten Samstag im September (Bettag)

BESONDERE UNTERKÜNFTE Camping des Glaciers in La Fouly | Hôtel du Col de Fenêtre in Ferret | Gîte de la Léchère (Alphütte zwischen La Fouly und Ferret) | Cabane de l'A Neuve und de Saleinaz

THEMENWEGE Sentier des plantes médicinales und Kinderlehrpfad «Charlotte la Marmotte» (beide westlich von La Fouly)

EINKAUFEN Kleiner Supermarché in La Fouly | Eine grössere Auswahl an Läden findet man in Orsières

WANDERFÜHRER Elsbeth Flüeler, «Wandern rund um den Montblanc», Rotpunktverlag 2005

INFORMATIONEN Office du tourisme de La Fouly, bei der Talstation der Sesselbahn, Telefon 027 775 23 84, www.lafouly.ch

Raclette ist in La Fouly durch und durch einheimisch.

VON CHAMPEX NACH LA FOULY

EIN PAAR STUNDEN ENTLANG DER
KOSMOPOLITISCHEN TOUR DU
MONT BLANC – UND EINE ERKUNDUNG
DES TALBODENS MIT SEINEN
DÖRFERN «AM ENDE DER WELT».

CHARAKTER Wanderung auf guten Wegen ohne nennenswerte Schwierigkeiten (T1/T2). Die beliebte Strecke deckt sich mit einem Abschnitt des Alpenpässe-Wegs (auf Wegweisern mit der Nummer 6 gekennzeichnet).
WANDERZEIT 4½ Std.
AUSGANGSPUNKT Champex-Lac (1468 m, Haltestelle Le Signal)
ENDPUNKT La Fouly (1594 m)
ROUTE Von Champex-Lac gemäss Wegweisern südwärts aus dem Dorf hinaus – oder eher hinab – und durch meist geschlossenen Wald via L'Affe in angenehmem Gefälle in den Talboden, den man auf rund 1050 Metern erreicht.

Nun 5 Minuten die Strasse entlang nach Issert. Ab dort geht es sanft ansteigend taleinwärts, meist auf Flurwegen und Nebensträsschen. Bei Praz-de-Fort Talseite wechseln, durch das Dorf und dessen Chalet-Siedlungen südwärts zu einer Rippe im Wald, der Crête de Saleinaz (eigentlich eine alte Moräne). Während den folgenden rund 40 Minuten quert man eine steilere und teils felsige Flanke, der Weg ist entsprechend schmaler und an einer Stelle mit Ketten gesichert. Ab der Höhe von Branche d'en Haut wird die Strecke wieder gemütlicher, und man folgt der unverbauten Dranse de Ferret bis ins Dorf La Fouly.

LACS DE FENÊTRE

EIN ABSTECHER INS HINTERSTE
VAL FERRET, AN ALPEN UND
ERINGERKÜHEN VORBEI, ZU EINER
REIZVOLLEN SEENPLATTE.
UND ZUM SCHLUSS NOCH RACLETTE?

CHARAKTER Zu Beginn breite Feldwege und/oder Alpsträsschen, anschliessend normale Bergwanderwege (T2)
WANDERZEIT Aufstieg 2½ Std., Abstieg 1¾ Std.
AUSGANGS-/ENDPUNKT Ferret (1698 m)
ROUTE Von Ferret, der Endhaltestelle des Linienbusses, auf der Strasse oder auf einem weiter oben verlaufenden Wanderweg zur Alpage des Ars Dessous – bis hierher darf man auch mit dem Auto fahren. Weiter auf einem Kiesfahrweg zu den Ställen von Les Ars Dessus und Plan de la Chaux. Der Bergwanderweg steigt nun links an, quert zunehmend steile Weiden und nutzt die Schwachstellen des Geländes aus, um den Fels-

absätzen auszuweichen und das Plateau mit den Lacs de Fenêtre auf rund 2500 Metern zu erreichen. Es lohnt sich, alle drei Hauptseen zu besuchen und genug Zeit für die schöne Hochebene einzuplanen, ehe man sich auf den Rückweg macht. Aber auch der Abstieg braucht seine Zeit – vor allem, wenn man unterwegs bei der Alpage des Ars einkehren möchte, zum Beispiel zu einer oder zwei Portionen Raclette (www.alpagedesars.ch).
VARIANTE Die Tour lässt sich auch bei der Bergstation der Sesselbahn von La Fouly starten. Von dort führt ein Höhenweg zuerst auf-, dann absteigend nach Les Ars Dessus (Bergstation–Lacs de Fenêtre 3½ Std.).

CABANE DE L'A NEUVE

EIN AUSFLUG INS HOCHGEBIRGE –
ANSTRENGEND, NICHT GANZ EINFACH,
ABER SEHR EINDRÜCKLICH.
AM BESTEN MIT EINER ÜBERNACHTUNG
IN DER HÜTTE ZU KOMBINIEREN.

CHARAKTER Konditionell und technisch anspruchsvolle Tour in hochalpiner Umgebung (T3, rund 1200 Höhenmeter)
WANDERZEIT Aufstieg 3½ Std., Abstieg 2¼ Std.
AUSGANGS-/ENDPUNKT La Fouly (1594 m)
ROUTE Vom Dorfzentrum von La Fouly hinab zur Brücke über die Dranse de Ferret und zum Camping des Glaciers. Anschliessend dreht der Weg nach links und führt durch schönen Wald westwärts. Allmählich lichtet sich die Vegetation, aus Bäumen werden Büsche und sonstige Pionierpflanzen. Auf rund 2100 Metern ermöglicht ein Steg, die

Reuse de l'Amône zu queren. Unmittelbar danach kommt man an einem Stein vorbei, der dem Waadtländer Bergschriftsteller Emile Javelle gewidmet wurde. Es folgen rund 500 anstrengende Höhenmeter im Zickzack, ehe der Weg nach rechts traversiert. Oft über Schneefelder und zuletzt durch einen Felsriegel mit Fixseilen erreicht man schliesslich die sehr urchige, fast schon museale SAC-Hütte auf 2734 Metern. Da sie nur über rund zwanzig Schlafplätze verfügt, wird für Übernachtungen dringend eine vorgängige Reservation empfohlen (www.aneuve.ch).

IM LAND
DER KÖNIGINNEN

Spitzenlandschaft um
die Cabane des Vignettes.
Hinten rechts die Dent
Blanche, Königin des Tals.

Am Südgrat der Dent Blanche.

IM HOCHGEBIRGE

Es ist kurz nach Mittag. Die Bergtour liegt bereits hinter uns, der lange Weg ins Tal kann noch warten. Auf der Terrasse der Cabane de la Dent Blanche, auf 3500 Meter Höhe, herrscht eine friedliche Stimmung. Während Seil, Steigeisen, Bergschuhe und Socken auf den Steinplatten ausgebreitet liegen und an der Sonne trocknen, sitzen wir auf dem Mäuerchen und geniessen barfuss die Aussicht. Die hochalpine Landschaft zeigt sich in voller Pracht, als wäre sie das ausklappbare Panorama eines grossformatigen Bilderbuchs. Gleissende Gletscher, tiefe Spalten, kühne Felstürme, messerscharfe Grate. Da und dort auf den Firnen filigrane Linien, die Seilschaften in den letzten Tagen gespurt haben. Am Horizont ein paar Quellwolken. Das grüne Tal, weit unten, erscheint vom Dunst bläulich verfärbt. Dohlen kreisen in der windstillen Luft.

Auch unsere Gedanken kreisen. Die Anspannung weicht einer Gelassenheit, es fallen kaum Worte. Der schlaftrunkene Aufbruch im Schein der Stirnlampen, der Sonnenaufgang auf dem Grat, die knackigen Kletterpassagen, die letzten, balancierenden Schritte über die Firnschneide zum Gipfel, der Abstieg mit den kniffligen Abseilstellen: Momente einer Tour, die vom Kurzzeitgedächtnis langsam in die Schatulle der unvergesslichen Erinnerungen wandern. Wie oft hatten wir zum Berg hochgeschaut, nicht ohne Sehnsucht.

Für solche Erlebnisse fahren die Alpinisten seit mehr als hundertfünfzig Jahren ins hintere Val d'Hérens, ins Herz der Walliser Alpen, des grössten Hochtourenreviers Europas. Was sie hier antreffen, sind nicht bloss grosse Gipfel und ebensolche Gletscher. Sondern auch eine ungewohnte Vielfalt an Bergformen und Farben: Gneis, Granit, Gabbro, Basalt, Kalk, Dolomit und Serpentinit wechseln sich ab, verzahnen sich, stapeln sich, fliessen ineinander und lassen so die unterschiedlichsten Gipfelgestalten entstehen, von breit und wuchtig (wie der Mont Collon) bis spitz und dünn (die Aiguille de la Tsa). Man findet fast alles, wie in einem gut bestückten Comestibles-Laden.

Der hintere, hochalpine Teil des Tals ähnelt einem grossen Hufeisen, das durch einen wild gezähnten Grat – die Grandes Dents – in zwei Hälften getrennt wird. Beginnen wir mit der östlichen Hälfte, dem Vallon de Ferpècle, mit der 4358 Meter hohen Dent Blanche als wuchtigem Wahrzeichen. Im Wesentlichen bleibt er den Bergsteigern vorbehalten, genauer: den fitten und erfahrenen, die gern abseits der grossen Massen unterwegs sind. Denn die Touren in dieser Ecke der Schweiz zählen zu den anspruchsvollen und abgelegenen. Schon nur der Aufstieg zur Cabane de la Dent Blanche erfordert fünf bis sechs Marschstunden in dünner Höhenluft. Das schreckt ab. Und ein richtiges Wanderwegnetz existiert gar nicht. Die meisten Besucher beschränken sich deshalb auf einen Spaziergang zur weitläufigen Schwemmebene des Glacier du Mont Miné, einem hübschen Naturschutzgebiet keine halbe Stunde vom Parkplatz entfernt, um anschliessend in einem der beiden kleinen Gastbetriebe einzukehren.

98 Vallon de Ferpècle,
Blick talauswärts.

Cabane de Bertol,
Blick zur Dent Blanche.

Passend zum Namen – Ferpècle soll so viel wie die kleine, kalte Alp bedeuten – wird das lawinengefährdete Tal nur im Sommer bewohnt. Sobald der erste Schnee fällt, versinkt alles in einen tiefen Winterschlaf: Selbst für Skitourengänger gibt es dann kaum etwas zu holen.

Die westliche Hälfte des Hufeisens trägt den Namen Val d'Arolla. So heisst auch das Dorf am Ende der Strasse, eingebettet in einen alten Wald aus Arven – auf französisch Arolles. Seit Dezember 1967 ist die Verbindung auch im Winter offen, heute leben rund fünfzig Menschen mehr oder weniger ganzjährig im kleinen Ferienort auf gut 2000 Metern. Das Angebot umfasst ein paar Hotels, zwei Lebensmittelläden und ein Sportgeschäft. Und ein schlichtes, lockeres Skigebiet mit viel nostalgischem Charme. Auf die Besucher warten hier nicht hochmoderne Sesselbahnen, breite Pisten und grosse Bergrestaurants, sondern sechs windige Skilifte, die teilweise seit mehr als fünfzig Jahren ihren Dienst verrichten, dazu zwei urchige Buvettes und viel Platz für eigene Spuren, was vor allem Freerider zu schätzen wissen. Bei schönem Wetter kommt eine Aussicht hinzu, die auch Journalisten ins Schwärmen bringt. Einer zählte neulich sieben Gletscher aufs Mal und titelte danach: «In Arolla führt der Tellerlift ins Paradies.»

Für viele ist Arolla aber kein Ziel, sondern ein Ausgangspunkt. Anders als in Ferpècle umfasst die Auswahl Wanderungen, Hochtouren, Skitouren und Felsklettereien für fast jeden Geschmack, vom einfachen Gletschertrekking bis zur Extremroute. Und die Hütten lassen sich in zwei bis drei Stunden erreichen. Entsprechend belebter ist das Gebiet. Nebst Französisch unterschiedlichster Provenienz ertönt auffallend viel Englisch, Amerikanisch und Niederländisch.

WELTBERÜHMTE SKIABENTEUER

Zwei legendäre hochalpine Durchquerungen führen durchs Val d'Hérens. Mehr noch: Sie erreichen hier ihren absoluten Höhepunkt. Einerseits die Haute Route von Chamonix nach Zermatt, die beim Pigne d'Arolla auf fast 3800 Metern kulminiert. Die sechstägige Strecke ist der Klassiker schlechthin, von Engländern im 19. Jahrhundert als Sommertour erfunden, von Franzosen 1903 erstmals im Winter mit Ski unternommen und seither hunderttausendfach nachgemacht. Die meisten, die sich an die Strecke wagen, kehren mit eindrücklichen Bildern und Erinnerungen heim, nicht wenige empfinden die Haute Route als Glanzlicht ihrer Bergkarriere. Wie tückisch das winterliche Hochgebirge ist, zeigte sich allerdings wieder im April 2018, als am Fuss des Pigne eine Bergsteigergruppe bei einem Wettersturz die Orientierung verlor und im Freien die Nacht verbringen musste, bei Minustemperaturen und stürmischem Wind. Dabei verloren sieben Menschen auf dramatische Weise ihr Leben, zehn Minuten von der sicheren Cabane des Vignettes entfernt.

Bloss einen Tag, allerdings einen strengen, dauert die Patrouille des Glaciers. Vielen Amateuren und Profis gilt das Skirennen von Zermatt nach Verbier als schönster Teamwettkampf der Alpen. Aufgrund des riesigen Interesses müssen die Startplätze verlost werden, um die Anzahl Teilnehmer auf unter 5000 zu beschränken – auch so bleibt es das weltweit grösste Skirennen seiner Art. Zermatt darf dann den Start zelebrieren, Verbier die Zielankunft inszenieren und die Prämierungen feiern. In Arolla, auf halber Strecke, rauscht die skialpinistische Weltelite bloss vorbei. Doch im kleinen Dorf wird die Knochenarbeit geleistet, dort befindet sich das logistische Zentrum des Grossereignisses. Seit Generationen engagieren sich die Einheimischen mit Herzblut für die PdG, die «Pédégé».

Wie die Familie Bournissen, eine Bergführerdynastie aus Arolla. Basile Bournissen gehörte zu den Erfindern des Rennens; bei den ersten Austragungen, 1943 und 1944, stand er gleich selbst auf dem Podest. Ein Spaltenunfall im Jahr 1949, bei dem drei Soldaten ums Leben kamen, bereitete dem Wettkampf ein vorläufiges Ende. Es war Camille Bournissen, Basiles Sohn, der entscheidend mitwirkte, die Patrouille 1984 neu zu lancieren. Seine Söhne übernahmen später wichtige Rollen bei der Organisation, Jean-Michel als technischer Leiter, Basile als Lawinenverantwortlicher. Und deren Schwester Chantal Bournissen, die mehrfache Siegerin im Skiweltcup und Weltmeisterin von 1991, nahm ebenfalls am Rennen teil.

PATOIS
UND CORTÈGE

Die Patrouille sei für sie ein Mythos, ein menschliches Abenteuer, das weiterleben müsse, eine Leidenschaft für das Hochgebirge, und auch eine Visitenkarte für die alpinistische Tradition des Tals, sagt Virginie Gaspoz. Sie ist Präsidentin von Evolène und damit des ganzen Haut Val d'Hérens, einer Fläche annähernd so gross wie der Kanton Zug. Wie sie einräumt, kennt sie noch nicht sämtliche Winkel «ihres» Hochgebirges. Dafür reichte die Zeit bislang nicht, nebst dem Studium, den Nebenjobs, der zeitweiligen Arbeit ausser Kanton und zwei Schwangerschaften. Aber die begeisterte Skifahrerin und Wanderin ist zuversichtlich: «ça viendra». Ins Amt wurde sie 2017 gewählt, als 28-Jährige.

Die Gemeinde, der sie vorsteht, pflegt ihre Traditionen wie kaum eine andere im Wallis. Das sieht man schon am intakten, schön kompakten Hauptdorf Evolène. Gemäss Inventar der schützenswerten Ortsbilder von nationaler Bedeutung fügte sich die touristische Entwicklung ab Ende des 19. Jahrhunderts auf nahezu perfekte Weise in die alte, bäuerliche Siedlung, weshalb sich nun «ein Bild von grosser Stimmigkeit präsentiert».

Vielleicht noch stärker als bei der baulichen Substanz zeigen sich die starken Wurzeln indes bei der Sprache und beim Brauchtum. Evolène, oder «Oleïnna», ist die wohl einzige Gemeinde der Westschweiz, in der das Patois noch lebt und im Alltag verwendet wird. Es klingt so silberhell wie archaisch, südlicher als Französisch«, und ist selbst für die meisten Romands völlig unverständlich. Die Sonne heisst «arrùhyo», das Schneehuhn «arbëïnna», der Felsblock «grètchyo», «kambardulâyu» ist ein Sturz, «poûja» bedeutet Pause, «tsa» eine steinige Alp, dem Regenbogen sagt man «â dóou liktòn», der Flasche «fyóoula». «Nék» ist Schnee, «frènnzu» eine Gletscherspalte. Bis heute wachsen manche Kinder mit dieser Muttersprache auf und erlernen das Französische erst später hinzu.

Das Patois von Evolène gehört zur Familie der frankoprovenzalischen Sprachen, die sich sowohl von den französischen wie auch von den okzitanischen Mundarten wesentlich unter-

HÖCHSTER PUNKT
Dent Blanche, 4358 m

TIEFSTER PUNKT
Gemeindegrenze bei Le Mourty, 1077 m

HAUPTFLÜSSE
Borgne, Borgne de Ferpècle, Borgne d'Arolla

HAUPTBAUMARTEN
Lärche, Fichte, Arve

SCHUTZGEBIETE
BLN-Landschaft Dent Blanche-Matterhorn-Monte Rosa, Auengebiete La Borgne en amont d'Arolla, Pramousse-Satarma, Ferpècle, Salay und Lotrey, Flachmoor Vouasson

SIEDLUNGEN
Lanna, **Evolène**, La Tour, Les Haudères, Villa, La Sage, La Forclaz, La Gouille, Satarma, Pramousse, La Monta, Arolla

SCHÜTZENSWERTE ORTSBILDER
Evolène, Lanna, Les Haudères

DAUERHAFT BESIEDELT BIS ETWA
2120 m

TYPISCHE FAMILIENNAMEN
Anzévui, Bournissen, Chevrier, Crettaz, Fauchère, Favre, Follonier, Gaspoz, Georges, Maistre, Maître, Mauris, Métrailler, Pralong, Quinodoz, Rong, Vuignier

Val d'Hérens
LE COSTUME DE L'EVOLENARDE

Premlère communion · Fillettes des Haudères · Costume de semaine · La jeune mariée

La fileuse · En ballade à La Sage · Le culte à N. D. de La Garde

ANSICHTSKARTEN widerspiegeln die Faszination und die Sehnsüchte der jeweiligen Zeit: ob antike Burgen, Dampflokomotiven, Wasserfälle, Murmeltiere zwischen Alpenrosen, bunte Autokolonnen auf einer Passstrasse oder den Fortschritt verkörpernde Staumauern. Manche kauften die Karten, um sie mit Grussbotschaften versehen an Daheimgebliebene zu schicken, andere, um sie in Ermangelung einer eigenen Fotokamera in ein Album zu kleben. Und wer das Pech hatte, Evolène bei Nebel zu besuchen, erwarb die Dent Blanche in gedruckter Form, um sie zumindest auf diese Weise gesehen zu haben. Auch diese Grusskarte zeugt von einem der damaligen Interessen: jenem an traditioneller Kleidung. Die abgebildeten Frauen sind aber nicht bloss hübsche Bildmotive, die stolz ihre Tracht vorführen. Manche schauen den Betrachter direkt an, andere scheinen ihre Geheimnisse für sich behalten zu wollen. Die Spanne reicht von den beiden Mädchen über die Erstkommunikantinnen und die junge Braut bis zur Mutter mit Kindern und den wohl älteren Frauen vor einer Kapelle. Damit wird die Karte zu einem Erzählbogen, der ein ganzes Leben umfasst.

Beim Sommerumzug 2019 mit dabei: eine Folklore-Gruppe aus Podgorica.

scheiden. Frankoprovenzalische Dialekte werden in der Schweiz, im Nordwesten Italiens und in gewissen Teilen Frankreichs gesprochen, befinden sich allerdings überall mehr oder weniger auf dem Rückzug. Auch in Evolène, wo sich aber zahlreiche Menschen für den Erhalt ihrer Sprache einsetzen. Sie sei «ein wunderbarer kultureller Schatz, ein Erbe, das wir hoffentlich den kommenden Generationen weitergeben können, auch wenn es nicht einfach sein wird», sagt Virginie Gaspoz, die das Patois von ihrem Vater geerbt hat.

Das Brauchtum wird hingegen vor allem am 15. August zelebriert. Der Tag heisst anderswo Mariä Himmelfahrt oder Assomption, in Evolène aber Grande

Skitourengänger am Fuss des Mont Brulé. Ein Brulé ist eine
kleine Waldfläche. Den Wald gibts eher bei Le Louché,
was wiederum «kleiner See» bedeutet. Den kann man links
hinter dem Weiler tatsächlich ausmachen.

fête de la mi-été. Dann steigt ein buntes Volksfest mit Bühnen, Animationen, Aktivitäten, Streetfood und vor allem mit dem Cortège, dem feierlichen Umzug. Die Hauptgasse füllt sich mit Trachtengruppen in schmucken Kleidern, mit vifen Kinderscharen, leutseligen Dorfmusiken und drapierten Wagen, auf denen das traditionelle Handwerk nachgestellt wird. Konfetti fliegen durch die Luft, kulinarische Spezialitäten und Wein werden grosszügig an die Zuschauer verteilt. Ein stimmungsvoller Anlass, der zwar durchaus touristischen Charakter hat, aber primär die Freude der Evolènards an ihren eigenen Wurzeln belegt. Nochmals Virginie Gaspoz: «Als Mitglied der Folkloregruppe nahm ich bereits als kleines Kind am grossen Umzug teil, es war stets ein besonderes Ereignis. Für mich der schönste Tag im Jahr. Die Leute in ihren Trachten anzuschauen und zu sehen, wie sich die Besucher für unsere Traditionen interessieren, ist wunderbar.»

Jedes zweite Jahr reisen auch Delegationen aus weit entfernten Bergregionen an – im Rahmen der CIME, der Célébrations Interculturelles de la Montagne à Evolène. 2019 beispielsweise brachten Gruppen aus dem Kaukasus, Ecuador, Armenien, Montenegro und Latium ihre Tanz- und Volksmusikkünste in die Bergwelt des Val d'Hérens.

LES REINES

Fehlt noch etwas, wohl das Wichtigste. Die Königinnen! Vor allem im Sommer sieht man sie auf den Weiden, die typischen Kühe aus dem Eringertal. Sie passen ausgezeichnet in die kernige Landschaft, ja scheinen regelrecht dazu gemacht zu sein, am Fuss der Dent Blanche zu grasen. Der Steckbrief der Race d'Hérens könnte etwa so lauten: schwarz bis dunkelrot, eine der kleinsten Rinderrassen der Schweiz, gedrungen und muskulös, flink, steilhangtauglich, kräftige Hörner, wenig, aber hochwertiges Fleisch, wacher Blick, neugierig, mit starkem Herdentrieb. Und sie rangeln gern, von Natur aus. Die Forschungsanstalt Agroscope erklärt es so: «Charakteristisch für Eringerkühe ist auch, dass sie den ursprünglichen Charakter der Wildtiere weniger verloren haben als Kühe von milch- oder fleischbetonten Rassen. Besonders bekannt ist ihr ausgeprägtes Kampfverhalten. Wenn sich zwei fremde Kühe begegnen, kommt es mit grosser Regelmässigkeit und relativ schnell zu Drohverhalten und Kämpfen, bei denen ihre Dominanzbeziehung geklärt wird.» Das geschieht vor allem im Juni, wenn die Kühe auf die Alp kommen. Dort treffen sie auf Tiere anderer Herden und machen gleich am ersten Tag die Hierarchie unter sich aus – ein Verhalten, das sich gar nicht verhindern lässt. Selbstverständlich verfolgen die Viehhalter die Kämpfe aufmerksam und freuen sich, wenn einer ihrer Schützlinge möglichst weit oben in der Rangordnung steht. Die stärkste Kuh, jene, die alle anderen Konkurrentinnen ausgestochen hat, übernimmt nun die Führung und wird zum Leittier. Während des Sommers muss sie ihre Vormachtstellung allerdings stets

Athena. Sie war eine der Königinnen, die sich 2019 in Les Haudères beim «Combat international de l'Espace Mont-Blanc» massen.

verteidigen, und nicht selten kommt es zum Wechsel an der Spitze. Am Ende der Alpzeit steht dann fest, welche Kuh den Titel der Reine, der Alpkönigin, verdient. Und welcher Besitzer vor Stolz platzen darf.

Damit es den Königinnen ausserhalb der Alpzeit nicht langweilig wird, treffen sie sich im Herbst und Frühling zu regionalen Ausscheidungen, den Combats oder Ringkuhkämpfen, die stets viele Besucher anlocken. Dabei werden jeweils rund ein Dutzend Tiere der gleichen Kategorie in die Arena gelassen. Dort suchen sie sich ihre Gegnerinnen selbst aus und kämpfen Kopf an Kopf. Sobald eine Kuh dreimal verliert – also im Zweikampf zurückweicht oder das Kräftemessen verweigert –, muss sie den Ring verlassen. So geht es weiter, bis nach mehreren Runden eine Siegerin verbleibt. Die besten aus den verschiedenen Regionen dürfen dann im April zum grossen Finale in Aproz bei Sion antreten und sich um den Titel der Reine des Reines streiten. Daneben existieren auch internationale Anlässe, an denen sich die Walliserinnen mit ihren Cousinen aus dem italienischen Valle d'Aosta und der französischen Haute-Savoie messen – wo die Königinnen ebenfalls auf eine grosse Tradition und Anhängerschaft zählen können.

«Ich bewundere die Leidenschaft der Viehbauern ebenso wie die Schönheit dieser Tiere. Die Combats und Alpaufzüge sind stets ein Vergnügen, wegen der Kämpfe, aber auch wegen der Geselligkeit rund um den ganzen Anlass», sagt Gemeindepräsidentin Virginie Gaspoz. Sie muss es wissen: Als Kind verbrachte sie sämtliche Sommer auf den Alpen von Evolène, umgeben von Königinnen.

WO, WIE, WAS?

Cabane de Bertol,
auf luftigen 3311 Meter.

ANREISE   Von Sion per Postauto nach Evolène und Les Haudères. Ab Les Haudères führen zwei Linien weiter: die eine nach Arolla, die andere nach La Sage und La Forclaz, im Sommer bis Ferpècle.

BESONDERE ORTE   Die Gassen und Lädeli von Evolène | Regionalmuseum in Evolène sowie Centre de géologie et de glaciologie in Les Haudères (eingeschränkte Öffnungszeiten, www.valdherens.ch) | Verschiedene Maiensässe (z. B. La Giette) | Schwemmebene von Ferpècle | Der Lac Bleu im Val d'Arolla | Das Skigebiet von Arolla

ANLÄSSE   Fasnacht in Evolène | Patrouille des Glaciers (April/Mai in geraden Jahren) | Dorfmarkt in Evolène (im Juni) | Festival classique des Haudères (Juli/August) | Grande fête de la mi-été (15. August) | Célébrations interculturelles de la Montagne à Evolène (alle ungeraden Jahre Mitte August) | Kuhkampf Match de reines de la relève in Les Haudères (Oktober)

BESONDERE UNTERKÜNFTE   Hôtel de la Sage (im gleichnamigen Dorf) | Hôtel Les Mélèzes in Les Haudères | Hôtel du Glacier und Grand Hôtel & Kurhaus in Arolla | Hôtel du Col d'Hérens in Ferpècle | Cabane des Vignettes, des Aiguilles Rouges und de la Tsa

THEMENWEGE   Histoire d'eau, Sentier des arolles und Sentier des marmottes in Arolla | Sentier Résonance oberhalb von Evolène | «Sentier contemplatif Sur Les Rocs» zwischen La Sage und Villa

EINKAUFEN   In Evolène gute Auswahl an Läden | In Les Haudères Bäckerei, Sennerei und Mini-Supermarkt | Zudem zwei Lebensmittelläden in Arolla, je einer in La Sage und La Forclaz | Eine vorbildliche Übersicht findet man unter www.valdherens.ch > Handel und Dienstleistungen

LESETIPPS   Marie Métrailler, «Die Reise der Seele», 1980 (neu aufgelegt 2012 bei Piper) | Maurice Chappaz, «Haute Route», Edition Moderne 1984

INFORMATIONEN   Evolène Région Tourisme, beim hinteren Dorfeingang, Telefon 027 283 40 00 | Informationsstelle (mit Post) auch in Arolla

Die Schwemmebene
von Ferpècle.

DIE MAYENS VON VILLA

BRAUNGEBRANNTE HOLZSTÄLLE UND KLEINE MAIENSÄSSE VERZIEREN DIE BERGFLANKE OBERHALB VON VILLA. SCHÖNER BLICK INS VAL D'AROLLA.

CHARAKTER Einfache und gemütliche Wanderung (T2). Aufgrund des dichten Netzes an Strässchen, Feldwegen und Pfaden empfiehlt sich die Mitnahme einer Karte.
WANDERZEIT 2½ Std.
AUSGANGS-/ENDPUNKT Villa (1737 m, Haltestelle La Sage/Villaz)
ROUTE Vom Kirchlein von Villa führt ein ausgeschilderter Wanderweg bergwärts und traversiert oberhalb des Dorfs am Waldrand entlang nach links, ins Tälchen des Torrent des Maures. Die markierte Route folgt dem Bach, um dann nach links über eine Wiese und über einen Geländerücken anzusteigen bis zu einem weiteren Flurweg mit Stall. Unmittelbar nach der Kurve zweigt ein breiter Pfad links weg und erreicht die Mayens du Cotter. Hier lohnt sich der kurze Abstecher zum Holzkreuz oberhalb des Maiensässes, von dem man eine prächtige Sicht auf das ganze Tal geniesst. Von den Mayens du Cotter auf dem Strässchen zum benachbarten Lè Lachiores (2102 m) und noch 5 Minuten weiter bis zu einer Verzweigung: Dort gilt es, das absteigende Strässchen zu wählen. Beim ersten Stall auf einem anfänglich unmarkierten Weg über einen Geländerücken talwärts, via Les Tsigerisses. Auf rund 1840 Metern erreicht man den Wald, hält bei einer Verzweigung nach rechts und gelangt so zurück nach Villa.

DIE SCHWEMMEBENE VON FERPÈCLE

WO EINST ZWEI GLETSCHER ZUSAMMENKAMEN, BREITET SICH EINE SANDIGE EBENE AUS, AUF DER EISKALTE BÄCHE MÄANDRIEREN UND DIE VEGETATION LANGSAM EINZUG HÄLT.

CHARAKTER Strässchen und breite Wege mit wenig Steigung (T1). Im Bereich der Schwemmebene oft nass (wassertaugliche Sandalen oder hohe Schuhe von Vorteil).
WANDERZEIT 2½ Std., inklusive etwas Herumstreunen auf dem Gletschervorfeld. Ab/bis Parkplatz 40 Minuten kürzer.
AUSGANGS-/ENDPUNKT Les Salays (1767 m, Haltestelle Ferpècle)
ROUTE Von Les Salays (mit dem kleinen Hôtel du Col d'Hérens) auf der Teerstrasse über zwei Haarnadelkurven hinweg – die erste lässt sich abkürzen – und an einem Bergbeizli (Petit Paradis) vorbei zum Fuss eines Staubeckens. Dort ist auch für Autos Endstation. Rechts am Becken vorbei und auf einem Strässchen hinauf zu einer künstlichen Bachschwelle, hinter der sich die sandige Ebene ausbreitet. Von hier aus lässt sich auf Spuren oder weglos das Gebiet entdecken, eventuell auch über Geröll zum Gletschertor aufsteigen (derzeit auf rund 2100 m). Gut 5 Minuten unterhalb der Bachschwelle führt eine Brücke auf die andere Seite der Ebene, deren Besuch sich ebenfalls lohnt: Dort ist das Eis schon länger weg, der Boden vollständig mit Vegetation bedeckt – eine schöne Heidekrautlandschaft mit jungen Lärchen.
VARIANTE Bei niedrigem Wasserstand kann man durch die verschiedenen Bäche waten und zur anderen Talseite wechseln. Vorsicht, eiskalt!

ZUM GLACIER DE PIÈCE

ZU BESUCH IM REICH DER GLETSCHER – VON DEN LÄRCHEN UND ARVEN ÜBER MÄCHTIGE MORÄNEN UND SCHLIFFPLATTEN ZUM FUSS DES PIGNE D'AROLLA.

CHARAKTER Anspruchsvolle Bergwanderung, im oberen Teil einige Passagen mit Seilen und Halteklammern (T3)
WANDERZEIT Aufstieg 2½ Std., Abstieg 1½ Std.
AUSGANGS-/ENDPUNKT Arolla (2008 m)
ROUTE Vom Hauptplatz von Arolla ausgeschildert zum Grand Hôtel & Kurhaus. Der Wanderweg windet sich nun durch Wald und einige Lichtungen, um dann bei Les Tsijiores Nouves waagrecht an zwei Skiliften vorbei zu einem Tälchen zu führen. Jenseits der Brücke steigt er entschlossener an, folgt einem zunehmend ausgeprägten Rücken (es ist die rechte Seitenmoräne des Glacier de Tsijiore Nouve) und quert später allmählich nach links hinauf, zu einer kleinen Wasserfassung. Anschliessend ohne grossen Höhengewinn bis zu einem felsigeren Abschnitt, der mithilfe einiger Fixseile und einer kurzen Reihe von Halteklammern überwunden wird. Unmittelbar darauf erreicht man den Rand einer geröllgen Hochebene auf rund 2670 Metern, die noch vor dreissig Jahren vollständig vom Glacier de Pièce überdeckt war. Weit weg ist das Eis aber nicht, vom Wegweiser kann man gut querfeldein das ganze Gletschervorfeld inklusive Gletscherzunge besichtigen.

GROSSE BERGE
AM BERÜHMTEN SEE

108

Vierwaldstättersee und Uri
Rotstock. Dazwischen,
in den Falten versteckt,
das Isenthal.

Vom See geht es ordentlich hinauf ins Tal.

IM ZENTRUM
UND DOCH ABSEITS

Als im 19. Jahrhundert der Tourismus in der Schweiz zum Höhenflug ansetzte, standen zwei Regionen weit vorn auf der Wunschliste der Reisenden aus ganz Europa: die Alpen und der Vierwaldstättersee. Zwei Postkartenlandschaften, die auf den ersten Blick wie selbstverständlich zusammengehören; doch in Wirklichkeit ruht der berühmte See mitten in einer voralpinen Umgebung, weit weg von den richtigen Alpen.

Es gibt aber eine Ecke, wo Vierwaldstättersee und Alpen tatsächlich zusammenfinden, eine einzige: das Isenthal. Nur hier wachsen die Berge vom Seeufer bis in eine Höhe von fast 3000 Metern. Gletscher, mächtige Felswände, Wasserfälle, alles, was die Alpen ausmacht – und schön macht – ist da. Und mittendrin der Uri Rotstock. Ein Anblick, der manchen zur Feder greifen liess, etwa den Zürcher Jakob Christoph Heer, Autor zahlreicher Heimatromane. In seinem Reiseführer über Luzern und Umgebung aus dem Jahr 1892 – der Fremdenverkehr war auch für Schriftsteller ein lukratives Geschäft – zeigte er sich beeindruckt vom Panorama von Sisikon Richtung Isenthal, und insbesondere vom «wie eine gewaltige Festung von den blaugrünen Wellen zum ewigen Schnee aufragenden Urirotstock, dessen Firnfelder kalt und glänzend in die Uferparadiese niederschauen».

Vierwaldstättersee und Alpen gleichzeitig – das Isenthal hatte beste Voraussetzungen, beim Tourismus vorn mitzumischen. Doch konnte es von der bevorzugten Lage kaum profitieren, oder vielleicht wollte es das nicht. Auch die schlechte Erschliessung spielte eine Rolle. Im 19. Jahrhundert existierte gar keine Strasse, sondern bloss der Alte Landweg, der Uri via Seedorf und Seelisberg mit Nidwalden verband. Ein Saumweg mit Abschnitten, die nur zu Fuss bewältigt werden konnten. Wie beim Übergang ins Isenthal, der für Saumtiere und Wagen ein unüberwindbares Hindernis darstellte. Vermutlich führte der Weg – wie es eine alte Sage erzählt – an dieser Stelle zeitweise über Leitern. Ob das Gemeindewappen, eine dreisprossige weisse Leiter auf rotem Grund, auf den schwierigen Talzugang anspielt? Es würde jedenfalls gut passen.

Die Strasse ins Isenthal kam 1901. Sie war aber keine fünf Kilometer lang und führte vom Dorf Isenthal lediglich bis zum Seeufer bei der Isleten, wo sich der Bootshafen mit Holz- und Güterumschlagplatz befand. Eine Art doppelte Sackgasse ohne Anschluss an das übrige Strassennetz. Wer nach Isenthal gelangen wollte, musste deshalb weiterhin den umständlichen Alten Landweg unter die Füsse nehmen – oder die Überfahrt von Flüelen nach Isleten auf dem Seeweg bewältigen und dort vom Schiff auf einen Pferdewagen wechseln. Wahrlich keine ideale Voraussetzung, um Heerscharen von Touristen anzulocken. Eine durchgehende Strassenverbindung an die Aussenwelt erhielt das Tal erst 1951 – und damit auch eine Postautoverbindung zum Kantonshauptort Altdorf.

BERGSTEIGER STATT FERIENGÄSTE

A ber zurück zum 19. Jahrhundert. Die meisten Touristen waren zu jener Zeit Bergsteiger, ihr Ziel hiess Uri Rotstock. Seit der ersten bekannten Besteigung, jener des Zürcher Alpenpioniers Heinrich Zeller und des einheimischen Führers Hans Infanger im August 1834, hatten sich die Besucher stets begeistert geäussert – vom Berg, von dessen Schönheit und vom sagenhaften Gipfelpanorama.

So auch der Autor des Führers «Uri, Land und Leute» von 1902: «Ein landschaftlicher Charakterberg par excellence, dessen Ruhm von Jahr zu Jahr sich mehrt. Dieses wie aus einem Guss hervorgegangene Riesenwerk der Schöpfung steht in seiner wilden Hoheit ehrfurchtgebietend da und macht besonders auf denjenigen, der seine grossartigen Massenverhältnisse, seine ungeheuren Felsenwände und seine Gletscherpracht in unmittelbarer Nähe sah, einen unvergesslichen Eindruck. [...] Der Urirotstock steht frei am nördlichen Rande der Hochalpen und ist in seiner ganzen urwüchsigen Plastik, nicht nur in der ganzen nördlichen und nordwestlichen Hügelregion der Schweiz, sondern auch in der des südlichen Deutschland besonders gut sicht- und erkennbar.» Es folgt eine kurze Beschreibung der zwei üblichen Routen auf den Gipfel, jene durchs Grosstal und jene durchs Chlital («beide Wege beanspruchen etwas Festigkeit in den Gelenken und Ausdauer»). Dann stehen wir auf dem Gipfel. «Auf der hohen Felsenzinne des Urirotstock stellt sich eine Rundschau dar, in deren Wunderpracht der Blick sich schwelgend verliert und wie sie auf keinem andern Gipfel der Hochalpen in ähnlicher Schönheit wieder zu sehen ist. Der malerische Reiz und die Vielseitigkeit der Bilder, die bezaubernde Anmut der Staffagen und die grossartigen Kontraste sind einzig und erregen das höchste Wohlgefallen. [...] An wirklicher Majestät und Erhabenheit des Ausdrucks, ebenso an lebensvollem Charakter des Ganzen übertrifft dieses imposante Panorama alles, was man sich vorstellen kann.»

Solche (und ähnliche) Schilderungen liessen den «Üri Roten» rasch zum Prestigeberg und zur Modetour avancieren. Alpen-Club-Sektionen, Naturfreunde, Turnvereine: Alle wollten auf den wohl bekanntesten Berg des Urnerlands steigen. Sie liessen sich von der abenteuerlichen Anreise

HÖCHSTER PUNKT
Brunnistock, 2952 m

TIEFSTER PUNKT
Vierwaldstättersee bei Isleten, 433 m

HAUPTFLÜSSE
Isentalerbach, Chlitalerbach

HAUPTBAUMARTEN
Fichte, Buche

SCHUTZGEBIETE
BLN-Gebiet Vierwaldstättersee, Auengebiet Grosstal, Smaragd-Gebiet Walenstöcke-Brisen, Flachmoor Chneuwis/Gitschenen, Jagdbanngebiet Urirotstock

SIEDLUNGEN
Isleten, **Isenthal**, St. Jakob, Gitschenen

SCHÜTZENSWERTE ORTSBILDER
keine

DAUERHAFT BESIEDELT BIS ETWA
1590 m

TYPISCHE FAMILIENNAMEN
Arnold, Aschwanden, Bissig, Gasser, Gisler, Imholz, Infanger, Kempf, Walker, Zurfluh

«Und welche Überraschung, welche Begeisterung ergreift nicht den aus dem Flachlande kommenden Fremdling, wenn er zum ersten Male mit dem Dampfboot von Luzern nach Flüelen fährt und dann plötzlich hinter dem Berggelände von Seelisberg den Atlas von Uri gewahr wird, wie er seinen Felsenfuss in das tief aufdunkelnde Gewässer des Sees stellt und, schimmernd im Schmucke seiner Gletscherreviere, in riesiger Grösse den Schwarm der Vorberge überragt», so rühmte der Reiseführer «Uri – Land und Leute» von 1902. Der «Atlas», etwas weniger erhaben Uri Rotstock genannt, zog nicht bloss die Blicke auf sich, sondern zog auch unzählige Bergbegeisterte an. Beides, die Ansicht und die Besteigung, konnte man damals als **POSTKARTE** kaufen. Die Beispiele stammen ebenfalls aus der Zeit um 1900. Im ersten Fall eine Zeichnung, im zweiten eine von Hand kolorierte Fotografie. Und in beiden Fällen wurde kräftig nachgeholfen, denn die Form des Dampfschiffs ist ebenso erfunden wie die Gruppe auf dem Gipfel hineingeschummelt. Selbst der Bart und die Schnäuze der fidelen Truppe sind aufgemalt. Ansichtskarten hatten damals nicht zwingend der Realität zu entsprechen. Sie mussten nur so tun, als ob.

mit dem Schiff auch nicht abschrecken, im Gegenteil. Wer die Tour nicht in einem Tag absolvieren mochte, und das waren die meisten, übernachtete auf dem Weg zum Gipfel in einem Privatzimmer oder bei den Älplern auf der Musenalp oder Biwaldalp. Oft nahmen die Gipfelaspiranten auch die Dienste lokaler Bergführer in Anspruch. Das alles bot den Einheimischen einen willkommenen Verdienst, blieb aber stets ein Nebenerwerb.

Eigentliche Feriengäste und Ausflügler auf der Suche nach Sommerfrische kamen hingegen in bescheidener Zahl. Ein Blick in alte Reiseführer zeigt, wie zaghaft sich das Angebot an Gasthöfen entwickelte. Anno 1843 beschränkte es sich auf ein «ordentliches Wirtshaus bei Wittwe Bumann», 1905 waren es dann zwei («bei Gasser, 12 Betten, und Furrer, 7 Betten, beide ordentlich»). Und 1967 «drei gut geführte Gasthäuser»: Zu den beiden Hotels im Dorf war in der Zwischenzeit ein Berggasthof auf der Terrasse von Gitschenen hinzugekommen.

Dass das Tal vom Massentourismus verschont blieb, selbst nach dem Bau der Strasse, wurde von Einheimischen und Urlaubern grundsätzlich geschätzt. In einer Broschüre stellte Dorfpfarrer Isidor Truttmann 1967 mit Freude fest, die

Isenthaler Alpenwelt sei «vom Benzingeruch noch unverpestet». Und die Kulturlandschaft bewahrte eine Unversehrtheit, die andernorts am Vierwaldstättersee
längst verschwunden ist. Hitzige Diskussionen, ob ein Berg eine Million Touristen
pro Jahr vertrage, wie sie derzeit an der Rigi laufen, können sich die Isenthaler
locker sparen.

HEIMÄ
UND SEILÄ

Verglichen mit anderen Regionen am Vierwaldstättersee blieb der Fremdenverkehr im «Isital» also eine Randerscheinung. Im Gegenzug konnte sich
die traditionelle Landnutzung robust halten. Von den knapp 200 Arbeitsplätzen entfallen gut 60 Prozent auf die Land- und Forstwirtschaft – der
höchste Anteil in ganz Uri und fast achtmal so viel wie im kantonalen
Durchschnitt. Die meisten der über vierzig aktiven Bauernbetriebe befinden sich
ausserhalb des Dorfs, oft an steiler und abgeschiedener Lage.

Die Heimetli, oder Heimä, wie man sie hier nennt, bestehen im Normalfall aus
Wohnhaus, Gaden (Stall), einem Gemüsegarten für den Eigenbedarf und etwas
Umland aus Wiese und Wald. Eine vielstufige Landwirtschaft – mit Talbetrieb,
Maiensäss, Voralpen und Alpen –, wie sie fürs Wallis, Graubünden oder Tessin
typisch ist, trifft man hingegen kaum an: Meist konzentrieren die Bauernfamilien
ihre Viehwirtschaft auf zwei Höhenlagen – auf das Heimä, sozusagen das Basislager, und auf eine Sommeralp.

Einen guten Überblick über die verschiedenen Höfe hat Josef Schuler. Nach
einer langen Berufstätigkeit im Bildungs- und Kulturbereich – zwanzig Jahre als
Primarlehrer in Isenthal und 24 Jahre als Leiter der Kulturförderung des Kantons
Uri – nutzt er seinen Ruhestand aktiv, um sich für sein Dorf zu engagieren, sei es
im Gemeinderat oder bei der Lancierung neuer Projekte, oft an der Schnittstelle
zwischen Kultur und Tourismus. Die lokale Kulturgruppe, in der er seit dreissig
Jahren mitwirkt, hat eine umfangreiche Dokumentation über die rund hundert
Heimä im Tal erstellt. Sie ist auf der reichhaltigen Website www.isenthaler.ch zu
finden und stellt nebst den verschiedenen Höfen auch ihre einstigen und aktuellen Besitzerfamilien vor, ergänzt durch zahlreiche historische Aufnahmen. So
lässt sich die Inventarisierung der Heimä auf verschiedene Art durchforsten: als
lebendige Fundgrube, als anschauliche Reise in die Vergangenheit, als Sittenbild,
als Stammbaum oder als Archiv der lokalen Zeitgeschichte. Und für die Betroffenen noch als Familienalbum – eine überaus geglückte Idee, die hoffentlich auch
anderswo Schule machen wird.

Mehrere Heimä, so Josef Schuler, sind erst seit dem Bau einer Seilbahn ganzjährig bewohnt. Womit wir beim zweiten Charakteristikum dieser Kulturlandschaft wären: den Kleinstseilbahnen, die Höfe und Alpen erschliessen. Zehn der
siebzehn Bahnen sind bloss für Materialtransporte zugelassen. Sieben dürfen
hingegen auch Personen befördern, was sie zu eigentlichen Lebensadern macht.

Seit 1994 schützt ein
Kehrtunnel die Strasse
vor Steinschlag.

Vorderbärchi und Mittler
Bärchi, die zwei äussersten
Isenthaler «Heimä».

Fallen sie aus, steht fast alles still. Gegenüber einer Strasse haben sie durchaus Nachteile – zum Beispiel, dass sie keine schweren oder grossen Transporte erlauben, die dann mit dem teuren Helikopter erfolgen müssen. Es gibt aber auch viele Vorteile: Sie sind ganzjährig benutzbar, sogar bei Lawinengefahr, sie erlauben den Kindern ein selbstständiges Kommen und Gehen, sie sind schnell und günstig, sie verschlingen fast kein Kulturland. Und sie werden auch von Touristen genutzt – und ein wenig mitfinanziert.

Seilä, das luftige Rauf- und Runterlassen von Menschen und Dingen, hat im Isenthal Tradition. Den Anfang machten die sogenannten Heuseile: eher steife Metalldrähte als Seile, an denen die Wildheuer ihre Heubündel, stets von einem Jauchzer begleitet, ins Tal spedierten. Was sie übrigens immer noch mit Leidenschaft tun. Rund dreissig Personen praktizieren heute die überlieferte, anstrengende und nicht ungefährliche Kulturtechnik des Mähens am Steilhang – und tragen entscheidend zum Erhalt der charakteristischen, artenreichen Trockenwiesen bei. Dafür gab es 2006 von der Stiftung Landschaftsschutz Schweiz die angesehene Auszeichnung als Landschaft des Jahres.

In den 1920ern folgte die erste Seilbahn, und das kam so: Kurz zuvor hatten einige Familien auf Gitschenen beschlossen, fortan ganzjährig auf dem Hochplateau auf rund 1500 Metern zu leben. Im Winter gestaltete sich der Schulweg für die Kinder aber dermassen mühsam und gefährlich, dass die Gitschener ab 1924 in drei Jahren eine sehr rudimentäre Bahn bauten, von St. Jakob auf die Vordere Schrindi. Später, ab den 1960er-Jahren, folgten weitere Bahnen und damit weitere Möglichkeiten, Heimä das ganze Jahr über zu bewohnen und zu bewirtschaften. In der Regel sind es Niederberger Schiffli, benannt nach ihrem Nidwaldner Erfinder – kleine, zwei- bis vierplätzige offene Gondeln mit Sitzbank, kleiner Ladefläche und gewölbtem Blechdach. Etwas gediegener ist die Bahn auf die Gietisflue: Dort hängen je eine geschlossene Viererkabine und eine halboffene Holzkiste für Material- und Tiertransporte am Seil. Noch grösser, mit zwei Achterkabinen, ist seit 1982 die Bahn nach Gitschenen. Sie bedient mehrere Höfe, dient als Zugang zum Berggasthaus mitsamt Skilift und erschliesst ein kleines, aber weit über Uri hinaus beliebtes Wander- und Skitourengebiet.

Lange waren die Bahnen für die Einheimischen normaler Alltag und blosses Transportmittel. Wie das Auto oder der Traktor. In letzter Zeit standen sie aber zunehmend im Fokus von Medienberichten und lockten viele interessierte Besucher an. Auch solche, für die eine Bahnfahrt ein kleines Abenteuer ist, gar eine Mutprobe. Das führte dazu, dass viele Bahnbesitzer den kulturellen, technischen, touristischen und sinnbildlichen Wert ihrer Anlagen erkannten und heute stolz darauf sind. Schliesslich hat nicht jeder eine eigene Seilbahn vor der Haustür.

Allerdings verschärfte der Bund 2006 die gesetzlichen Anforderungen an die Sicherheit und den Unterhalt stark, was nun hohe Investitionen bedingt und die Zukunft der Bahnen gefährdet. Kommt hinzu, dass Isenthal von allen Urner Gemeinden die finanzschwächste ist – eine direkte Folge der stark bergbäuerlich geprägten Wirtschaft und des Mangels an kräftigen Steuerzahlern. Derzeit befindet sich das ganze Dorf in einem Prozess der Zukunftsplanung unter dem Motto «Bürger-Mit-Wirkung», bei dem Einwohner und Behörden Ideen einbringen, darüber debattieren, gemeinsame Projekte festlegen und nach Wegen suchen, dem Tal möglichst gute Perspektiven zu sichern. Eines dieser Projekte sieht vor, die Seilbahnen zu einem Verbund zusammenzuschliessen, sie als Erlebnis zu vermarkten, noch besser ins touristische Angebot einzubinden und deren Benutzung kundenfreundlicher zu gestalten. Damit Wanderer und Seilbahnfreaks häufiger in eine der kleinen Gondeln steigen.

Wenn wir also bei der Talstation den Telefonhörer abnehmen, die Ruftaste drücken, unsere Fahrt anmelden, für ein paar Franken gemütlich in die Höhe schweben und dabei die Landschaft erleben, wie man sie vom Wanderweg aus niemals erleben kann: Dann leisten wir einen kleinen, aber wertvollen Beitrag zu einer Kulturlandschaft, die auch vom Seilä lebt.

Seit 1972 führt eine Kleinseilbahn vom Chlital
zum hoch gelegenen Hof Gietisflue.

WO, WIE, WAS?

Links: Wildheuplanggen
oberhalb Gitschenen.

ANREISE   Noch beginnt die Postautofahrt
ins Isenthal mal in Flüelen, mal in Altdorf.
Ende 2021 wird allerdings der neue Kantons-
bahnhof in Altdorf in Betrieb gehen,
das Busnetz dürfte sich dann neu ausrichten.
Die Linie ins Isenthal fährt bis St. Jakob,
wo sich die Talstation der Seilbahn nach
Gitschenen befindet. Das Chlital wird
hingegen nicht bedient.

BESONDERE ORTE   Der Friedhof mit geschnitz-
ten Kreuzen | Sämtliche Kleinseilbahnen
(sie sind nicht nur zum Anschauen da) |
Das Hochplateau von Gitschenen | Der Vier-
waldstättersee bei Isleten (für Surfer) |
Schartihöreli | Uri Rotstock

ANLÄSSE   Fasnacht mit Chatzämüsig und
Umzug | Alpgottesdienst Musenalp
(mit musikalischer Begleitung, Ende Juni) |
Handwerksmarkt im Dorf (im September) |
Chilbi (am dritten Wochenende im Oktober)

BESONDERE UNTERKÜNFTE   Hotel Urirotstock
und Gasthaus Tourist in Isenthal | Berg-
gasthaus und Kneiwies auf Gitschenen |
Bergrestaurant Musenalp | Alpwirtschaft
Biwaldalp | Gitschenhörelihütte

THEMENWEGE   Isenthaler Bärenweg (in Dorf-
nähe) | Mundartweg (über die Scheidegg) |
«Erlebnisweg Urchigs Handwärch» (zwischen
Chäppeli und St. Jakob) | Naturlehrpfad
(auf Gitschenen) | Sagen- und Skulpturenweg
(zwischen Chäppeli und Dorf)

EINKAUFEN   Dorfladen gleich neben Schulhaus
und Gasthaus Tourist

LESETIPPS   Josef Schuler, «Isenthal:
Dorferneuerung – Ein Generationenwerk»,
Eigenverlag Gemeinde Isenthal, 1999 |
Eva-Maria Müller, «Erlebnis Gitschenen»,
Altdorf 2006

INFORMATIONEN   Isenthal Tourismus,
im Hotel Urirotstock, Telefon 079 510 49 58,
www.isenthal.ch

Noch ein «Heimä»:
das Wissigli.

VON ISLETEN NACH ISENTHAL

VOM SEE WEG INS TAL HINAUF –
DIE BESTE ANNÄHERUNG ANS ISENTHAL,
ÜBER WEITE STRECKEN ENTLANG
DES WEGS AUS DER ZEIT UM 1840.
PRÄDIKAT: LAUSCHIG.

CHARAKTER Leichte Wanderung, zu Beginn etwas steiler, danach auf breiten Flurwegen (T1/T2)
WANDERZEIT 1½ Std.
AUSGANGSPUNKT Isleten (436 m)
ENDPUNKT Isenthal (770 m)
ROUTE In Isleten führt der markierte Wanderweg sogleich vom Verkehr weg, in einen lärmschluckenden Wald. In steilem Zickzack gewinnt man an Höhe. An zwei Stellen öffnet sich der Blick auf den Urnersee, bei der zweiten kann man auch fast senkrecht auf die Strasse hinunterblicken – eine ziemlich spektakuläre Perspektive. Weiter oben, beim Chäppeli (Postautohalt), überquert man die Strasse und gelangt zum Saum, einem sanft ansteigenden Rücken. Der Weg wird entsprechend breiter, oft wandert man auf altem Pflaster. Etwa 5 Minuten nach dem Abzweiger Richtung Schartihöreli findet man aus dem Wald und betritt Wiesenland. Der «harmonisch in die Landschaft eingefügte Wegverlauf», so das Bundesinventar der historischen Verkehrswege, zieht fast eben ins Tal hinein und an einigen Höfen vorbei zum Ringli, einem jungen, ab den 1990ern entstandenen Dorfquartier. Gleich dahinter wartet schon das Hauptdorf.

ÜBER DIE SCHEIDEGG

DER GRAT ÜBER DEM DORF BIETET
WENIGER AUSSICHT ALS ERWARTET,
DAFÜR EINE INTERESSANTE
VEGETATION. ZUDEM FAHREN WIR
LUFTIG SEILBAHN UND LERNEN
EIN PAAR BROCKEN URNER MUNDART.

CHARAKTER Mittelschwere Bergwanderung mit ein paar steilen Stellen und einer 2 Meter langen, nicht exponierten Leiter (T2/T3)
WANDERZEIT 2¼ Std., ohne Seilbahn eine gute Stunde länger
AUSGANGSPUNKT Isenthal, Haltestelle Weid-Furggelen (822 m)
ENDPUNKT Isenthal (770 m)
ROUTE Vom Postautohalt zur nahen Seilbahnstation. Die Fahrt lässt sich dort per Telefon anmelden, sicherer ist eine vorgängige Reservation (Telefon 041 878 10 82). Die offene, dreiplätzige Kiste schwebt ausgesprochen gemütlich und bietet eine ungewohnte Vogelperspektive. Bezahlt wird oben, bei einem der Bauernhöfe auf der Furggelen. Der markierte Weg zweigt zwischen den beiden Höfen nach rechts ab und steigt die Flanke hoch, um dann eine steile Waldpartie zu queren (Fixseile) und den Grat zu erreichen. In leichtem Auf und Ab wandert man an Felsköpfen, Bergföhren und sehenswerter Flora vorbei. Nach einem baumfreien Aussichts- und Rastpunkt geht es weiter, über eine Felsstufe mit kurzer Leiter und allmählich absteigend. Über eine Wiese weglos zu einem Stall und auf breitem Flurweg zum Hof Oberbärchi. Etwas ruppig nach Hinterbärchi. Von dort meidet der Weg die Strasse, kreuzt sie etwas später und führt schliesslich zum Sportplatz und ins Dorf.

SEELENEN UND SCHWALMIS

ÜBER SONNIGE WIESEN, AN EINER
KLEINEN SEENPLATTE VORBEI, AUF EINE
SO PRÄCHTIGE WIE STILLE KANZEL
ZWISCHEN VIERWALDSTÄTTERSEE UND
ALPEN.

CHARAKTER Einfache Bergwanderung auf guten Wegen. Die Markierungen sind nicht üppig, aber ausreichend (T2).
WANDERZEIT Aufstieg 2¼ Std., Abstieg 1½ Std.
AUSGANGS-/ENDPUNKT Seilbahnstation Gitschenen (1538 m)
ROUTE Gitschenen, von St. Jakob (Postauto-Endstation) per Seilbahn erreichbar, ist Ausgangspunkt zahlreicher Bergwanderwege. Ein besonders lohnender führt zunächst nordwärts zum Chneuwis, einem Hof zwischen Hanglage und Flachmoor. Von dort geht es diagonal ansteigend zur Alp Bolgen – zuerst zum unteren Stafel, dann zum Ober Bolgen. Sie verfügen beide über eine kleine Materialseilbahn. Nächste Station ist die so unerwartete wie bezaubernde Ebene Bei den Seelenen, auch sie mit einem Stafel bestückt. Ein letzter Aufschwung leitet zum Gaden, der obersten Stufe der Alp Bolgen. Von dort zieht der Bergweg in einem links ausholenden Bogen zum Gipfelgrat des Schwalmis und über den langen Rücken zum höchsten Punkt auf 2246 Metern.

GRUYÈRE
AUF DEUTSCH

Jaun, zwischen Gastlosen
und Hochmatt.

Dem Hauptdorf gegenüber kommt das Wasser aus dem Berg.

«DER JAUNER IST IN ERSTER LINIE JAUNER»

Von Bulle, dem Hauptort des Bezirks Gruyère, führen zwei Strassen in die Freiburger Voralpen. Die eine zieht zwischen Moléson und Vanil Noir südwärts bis ins Pays d'Enhaut, das Waadtländer Oberland. Die andere, die uns hier näher interessiert, schlängelt sich nach Osten, dem Berner Oberland zu. Sie kommt zunächst an Châtel-sur-Montsalvens vorbei, dann an Crésuz und Charmey. Es folgt eine wenig besiedelte Strecke, ehe nach einer Engstelle ein Weiler namens Im Fang auftaucht und etwas später Jaun, ein stattliches Dorf. Dann verlässt die Strasse den Talboden, gewinnt an Höhe, überquert die Kantonsgrenze und erreicht über einen Pass hinweg das bernische Simmental. Bereits diese Fahrt lässt den Sonderfall Jaun erahnen. Doch was auf den ersten Blick recht einfach erscheint – eine deutschsprachige Randlage am Oberlauf eines frankophonen Tals –, erweist sich bei näherem Hinsehen als deutlich komplizierter. Der Jauner ist nicht einfach ein Freiburger deutscher Zunge, und schon gar nicht ein im falschen Kanton gestrandeter Berner Oberländer.

«Am ehesten sprachlich und konfessionell verbunden sind die Jauner mit dem Sensebezirk. Dieser Nachbar im Norden ist jedoch geografisch am weitesten entfernt, da bis heute keine direkte Verbindungsstrasse besteht. Früher pflegte man die Sensler als ‹Tütsche› zu nennen, und die Beziehungen sollen nicht immer die besten gewesen sein.

Am wenigsten Beziehungen unterhält der Jauner heute mit dem östlichen Nachbar, dem ‹Sibetaler› (Simmentaler). Früher bestanden zwischen Jaun und dem Simmental recht enge Beziehungen. Doch die Reformation hatte einen konfessionellen Gegensatz zur Folge und liess auch die Beziehungen abkalten. Auch war der Weg vor dem Bau der Passstrasse weit und beschwerlich. Auch dem westlichen Nachbar, dem ‹Wäutsche›, stand der Jauner gleichgültig gegenüber, obwohl diese Beziehungen, trotz des sprachlichen Gegensatzes, nie getrübt waren.

Der südliche Nachbar und zugleich die oberste Siedlung des Jauntales ist das bernische Abländschen (1314 m). Jaun spielt für Abländschen die Rolle einer Metropole im Kleinen. Seit jeher war Jaun die Bezugsquelle für Brot, Salz und Ähnliches, ein Begegnungsort am Jauner Schafscheid (Herbstmarkt) und an der Viehprämierung und die Ausgangsstelle für die Post. Politisch und konfessionell unterhalten die beiden Nachbardörfer noch heute keine Beziehungen. Auf kultureller und Geschäftsebene sind jedoch in den letzten Jahren die Kontakte intensiviert worden. So gehört Abländschen zum Geschäftskreis der Raiffeisenkasse Jaun und zur Viehzuchtgenossenschaft Jaun. Die Abländschler machen auch im Skiklub ‹Edelweiss› Jaun, in der Skischule Jaun und seit den neuen Vereinsgründungen auch im Turnverein und im Landfrauenverein von Jaun mit.

So ist es nicht zu verwundern, dass der Jauner in erster Linie Jauner geblieben ist und dass er am ehesten den Kontakt mit seinesgleichen sucht.»

Die Zeilen stammen aus dem Heimatband «Jaun im Greyerzerland» von 1988. Verfasst wurden sie von Eduard Buchs, der sich zeit seines Lebens für sein Dorf und dessen Kulturleben engagierte und während fast zwanzig Jahren das «Echo vom Jauntal» leitete – ein wöchentlich erscheinendes Blatt, das mit einer Auflage von einigen Hundert Exemplaren zuweilen als kleinste Zeitung der Schweiz galt. Ein Chronist also, und ein intimer Kenner. Und wenn er die Jauner primär als Jauner beschreibt, meint man auch ein leises Schmunzeln herauszuhören.

Seither sind einige Jahrzehnte ins Land gegangen, doch an den Grundaussagen hat sich wenig geändert. Die Simmentaler sind weiterhin protestantisch, die Gruériens weiterhin welsch, die Sensler immer noch weit weg und Abländschen ein Fall für sich. Und Jaun strahlt bis heute eine unaufgeregte Selbstständigkeit aus. Nicht wie ein rebellisches Piratenboot. Eher wie ein Schifflein, das unter freiburgischer Flagge fährt und ansonsten seinem eigenständigen Kurs vertraut.

In alle Zukunft gesichert, ist diese Eigenständigkeit allerdings nicht. Im Schuljahr 2019/20 sassen neun Kinder im Kindergarten. Und in der Primarschule verteilten sich 42 Kinder auf drei Doppelklassen – je eine 1./2., eine 3./4. und eine 5./6. Klasse. «Auch heuer erreichen wir die von der Erziehungsdirektion für drei Unterrichtsklassen festgelegte minimale Schülerzahl nicht und stellen somit einen Ausnahmefall in der Deutschfreiburger Schullandschaft dar», so die Behörden. Für die Sekundarstufe hingegen kam 2017 das (zumindest vorläufige) Aus: Die Orientierungsschule musste nach dem Weggang ihres Leiters schliessen, die meisten der gut zwanzig Jugendlichen pendeln seither täglich nach Freiburg – eine knappe Stunde pro Weg.

Aktuell spricht man gar von einer Fusion sämtlicher Gemeinden des Bezirks Gruyère, was die Autonomie Jauns auf politischer und administrativer Ebene beenden würde. Von einem Aufschrei ist vor Ort aber wenig zu hören, vielleicht auch, weil der Kanton und die Nachbargemeinden schon mehrmals Verständnis für das kleine Dorf und dessen besondere Situation bewiesen haben.

HÖCHSTER PUNKT
Westlich des Schafbergs, 2223 m

TIEFSTER PUNKT
Gemeindegrenze beim Praz-Jean, 886 m

HAUPTFLÜSSE
Jaunbach, Jäunli, Klein Montbach

HAUPTBAUMARTEN
Fichte, Buche

SCHUTZGEBIETE
BLN-Landschaft Vanil Noir, Flachmoor Im Roten Herd, Jagdbanngebiet Hochmatt-Motélon

SIEDLUNGEN
Kappelboden, **Jaun**, Zur Eich, Im Fang

SCHÜTZENSWERTES ORTSBILD
Jaun

DAUERHAFT BESIEDELT BIS ETWA
1150 m

TYPISCHE FAMILIENNAMEN
Buchs, Julmy, Mooser, Rauber, Schuwey, Thürler

Nutzbauten zwischen
Im Fang und Jaun.

Wohnhaus in Jaun.

DAS JOULÄNDLI

Wenn wir den Jaunbach als Richtschnur nehmen, reicht das Jauntal vom bereits erwähnten Abländschen fast bis zum Lac de la Gruyère. Die Gemeinde Jaun ist also kein Tal, eher ein Talabschnitt. Ein Stück Land am Jaunbach. Das Jouländli.

Jouländli ist nur ein Beispiel für die hier gesprochene Mundart. Sie heisst Jùutütsch, gehört zu den höchstalemannischen Sprachen – wie Senslerdeutsch oder Walliserdeutsch – und weist viele Besonderheiten auf, die nirgendwo sonst vorkommen. «Für die Jauner ist der Dialekt ein starkes Identitätsmerkmal», erklärt der Sprachforscher Leo Buchs, der in einem 700-seitigen Lexikon sage und schreibe 11 800 einheimische Wörter zusammengetragen hat. Statt Brot isst man hier Bruet, statt Käse Chies, die Küche heisst Vürhuus, und das Ländli ist nicht bloss schön, sondern apparteg schüen.

Die Mundart verrät auch ihre geografische Nähe zum Französischen und zum alten Freiburger Patois. Und viele Ortschaften und Gipfel tragen zwei Namen. Jaun heisst nebenbei Bellegarde, und Im Fang darf sich La Villette nennen. Gros Brun

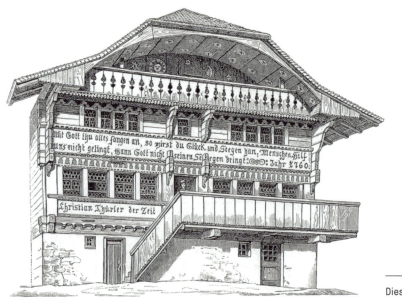

Fig. 45.

Diese Illustration des **HAUSES VON CHRISTIAN THÜRLER IN JAUN**, mit einer Inschrift von 1760, stammt aus dem Buch «Die Holz-Architectur der Schweiz» aus dem Jahr 1885, verfasst von Ernst Gladbach. Der Bauernhausforscher und Professor am Eidgenössischen Polytechnikum widmet dem Jauner Baustil ein langes Kapitel: «Dieses Thal ist in architektonischer Hinsicht besonders dadurch interessant, dass sich die beiden Urtypen des Schweizer Holzbaues, nämlich der Blockbau (speziell des Berner Oberlandes) und der im Freiburg'schen sonst allgemein übliche Ständerbau Fluss ab- und aufwärts begegneten, zugleich unter Anwendung einer eigenthümlichen Wanddekoration, welche wir ausserdem nirgends in der Schweiz angetroffen haben.» Auch in der Architektur vermochte Jaun also verschiedene Traditionen zu verbinden und daraus einen eigenen Stil zu entwickeln. Bis heute spielt der Chaletbau in der Region eine grosse Rolle und bietet vielen Einheimischen ein Auskommen.

Von der Ruine Bellegarde streift der Blick über Jaun hinweg Richtung Welschland.

Walter Cottier, zweimal auf dem Kreuz abgebildet: einmal als Wildheuer, einmal als Holzschnitzer.

und Schopfenspitz bezeichnen denselben Berg, der Vanil d'Arpille ist ein Maischüpfenspitz. Manchmal kommen die beiden Sprachen sogar gleichzeitig vor, wie bei der Alpwirtschaft namens Buvette des Sattel. Gemäss Gemeindeammann Jean-Claude Schuwey dürften 95 Prozent der Jauner die französische Sprache beherrschen. Zählt man Hochdeutsch dazu, sind sie alle mindestens dreisprachig (von wegen abgeschieden).

CHALETS
UND GRABKREUZE

Nach all diesen Ausführungen ist Zeit für einen Augenschein im Dorf. Sogleich fallen mehrere respektable, teils alte Holzhäuser auf, etwa das Statthalterhaus von 1715 unweit der Pfarrkirche. An Verzierungen und eingeritzten Sinnsprüchen fehlt es nicht, ebenso wenig an Geranien und sonstigem Blumenschmuck. Alles ist gepflegt. Vieles auch neu, das Dorf lebt. Und gegenüber, am Schattenhang, «bricht aus einer Felsenhöhle ein prächtiger Wasserfall hervor», wie ein Reiseführer von 1851 formulierte. Etwas erhöht auf einem Felssporn stehen die Überreste der früheren Burg Bellegarde. Kühne Berge sieht man nirgends. Nicht, weil es sie nicht gäbe – davon später –, sondern weil das Dorf in einer Mulde ruht. Eine grosse Tourismusdestination, das wird rasch klar, war Jaun nie. Eher ein beschaulicher Ferienort.

Wälder machen einen grossen Teil der Gemeindefläche aus. Das ist zugegebenermassen keine Seltenheit in der Schweiz. In Jaun können Forstwirtschaft und Holzverarbeitung aber auf eine grosse Tradition zurückblicken. Zahlreiche Arbeitsplätze hängen von den Bäumen ab, von der Holzernte über die Sägereien bis zum Chaletbau. Die hiesigen Zimmermannsleute sind für ihr Können und Fachwissen bekannt, und die Blockbauweise, die sie einst aus dem Osten übernommen haben, von ihren Simmentaler Nachbarn, exportieren sie mit Erfolg in den Westen, in den französischsprachigen Kantonsteil.

Nicht nur die Häuser sind kunstvoll verziert, auch die Holzkreuze auf dem Friedhof. Sie tragen stets ein kleines Schindeldach und sehen auf den ersten Blick einheitlich aus. Aus der Nähe entdeckt man aber im Schutz des Dächleins jeweils zwei Reliefs, die das Leben, den Beruf und das Wirken der Verstorbenen veranschaulichen. Beim Vorbeigehen und Betrachten all der Kreuze entsteht so ein Porträt des ganzen Dorfs, ein Gesamtkunstwerk im besten Sinn. Geschaffen hat es Walter Cottier, Geisshirt, Zimmermann, Wildheuer und autodidaktischer Holzschnitzer. Der «Kunstführer durch die Schweiz» würdigt die Kreuze zu Recht als einzigartiges Zeugnis der Volkskunst des 20. Jahrhunderts. Cottier selbst starb 1995, die beiden Reliefs an seinem eigenen Grabmal zeigen ihn beim Heuen und beim Schnitzen einer Jesusfigur. Seither sorgen einige junge Handwerker dafür, dass diese schöne Tradition weiterlebt. Eine Tradition, die sich mittlerweile auch anderswo etabliert hat – etwa auf dem Friedhof von Isenthal im Kanton Uri.

VON KÜHEN
UND SCHAFEN

Wo kein Wald, ist im Jouländli meist Wiese. Die lebendige Landwirtschaft kommt auf rund zwei Dutzend Betriebe. Bauernhöfe, Alpgebäude, Mähwiesen, Weiden und Silageballen prägen das Bild, auf jeden Einwohner kommt eine gute Kuh. Deren Milch wird vorwiegend zu Gruyère verarbeitet – der beliebtesten Käsesorte der Schweiz, auf dem inländischen Markt ebenso wie im Ausland. In dieser Hinsicht gehört Jaun eindeutig zur Westschweiz.

So wichtig die Kühe im Alltag sind: Einmal im Jahr stehlen ihnen die Schafe die Schau. Am Ende der Alpsaison, stets am Montag nach dem Eidgenössischen Bettag, findet der Schafscheid statt. Die Tiere werden festlich ins Dorf geführt, in Pferche getrieben und geschieden, den Besitzern übergeben, gewogen und von Fachleuten und Fleischeinkäufern bewertet. Gemäss Historikern besteht der Brauch ununterbrochen seit 1595 und wurde 2019 zum 425sten Mal durchgeführt – selbst für die traditionsbewusste Schweiz eine eindrückliche Zahl.

Der Schafscheid ist der grösste, schönste und stolzeste Anlass von Jaun. Das ganze Dorf ist auf den Beinen, hinzu kommen Tausende auswärtige Besucher. Brauchtum, Folklore, Rahmenprogramm mit Treichlerumzug und Musik, Tanzabend und Unterhaltung versetzen das Jouländli in Festlaune, die Hauptstrasse verwandelt sich in eine lebhafte Flanier- und Begegnungsmeile. Marktstände bieten allerlei an: einheimische Spezialitäten wie Alpkäse, Graswürmleni (in Öl gebackene Süssspeisen), die Cuchaule (Safranbrot), Chilbisenf oder Honig, aber auch Kleider, Korb- und Lederwaren, Militaria und Trödel, Kuhglocken und Gartenzwergkühe, landwirtschaftliche Utensilien und Melkmaschinen, Spielwaren, Scheren, Kunst, CDs und eine grosse Auswahl an Musikkassetten. Ein richtiger Jahrmarkt mit allem, was dazugehört, inklusive Schiessbude und Zuckerwattemaschine und glücklicher Kinderaugen.

Beim 425. Schafscheid.

GASTLOSEN

« Die Gastlosen, Erkennungszeichen von Jaun (auch Dolomiten der Schweiz genannt)», so die Website der Gemeinde. Dolomiten mag zwar etwas hoch gegriffen sein, aber die lange Kette aus Kalkgestein – mit ihren schroffen Klippen, schlanken Spitzen, massigen Gipfeln und senkrechten Wänden, die unmittelbar aus dem Weideland emporschiessen – hat hierzulande doch Seltenheitswert. Sie sind nicht bloss schön anzuschauen, die Gastlosen, sie eignen sich auch bestens zum Klettern. Seit Generationen wird an ihnen herumgeturnt. Die Abländscherin Betty Favre (1918–1977), eine Pionierin des Frauenbergsteigens, hatte hier ihr alpinistisches Basislager. Viele Freiburger, die später die Berge der Welt bestiegen – wie Erhard Loretan aus Bulle, der als dritter Mensch auf sämtlichen Achttausendern stand, oder Nicole Niquille aus Charmey, die erste Bergführerin der Schweiz –, begannen ihre Karriere in den Gastlosen.

Das Interesse an den Klettertouren im Hinterland von Jaun ist gross. Beim Wandern am Fuss dieser Wände kann man immer wieder innehalten und zuschauen, wie winzige, bunte Punkte an den nahezu glatten und teils überhängenden Felswänden hochkrabbeln, Meter für Meter. Wie Spinnen, meist zu zweit und mit einem dünnen Faden verbunden. Obwohl sie Weltklasseleistungen erbringen, wirken sie aus der Ferne ebenso gelassen wie die Kühe, die weiter unten auf den Weiden grasen. Und Milch für einen Weltklassekäse produzieren.

Einheimisches Holz ist der Rohstoff für eine ganze Branche. Einheimischer Fels die Spielwiese von halb Europa.

WO, WIE, WAS?

Die Alphütte Stützli
bei Im Fang.

ANREISE Vom Bahnhof Bulle mit dem TPF-Regionalbus nach Jaun. Ein paarmal pro Tag fährt auch ein Direktbus ab Fribourg (Nr. 245). Als weitere Möglichkeit kommt die Buslinie von Boltigen (Simmental) über den Jaunpass infrage. Mit dem Auto kann man Jaun auch von Süden her erreichen, auf der schmalen Passstrasse von Saanen via Mittelberg und Abländschen.

BESONDERE ORTE Der Friedhof mit seinen geschnitzten Kreuzen | Der Wasserfall im Dorf | Das Grossmutterloch in den Gastlosen (wenn im Winter die Sonne durchscheint) | Die ganze Kette der Gastlosen (nicht nur für Kletterer)

ANLÄSSE Kilbi mit Spezialitäten, Livemusik und Tanz in verschiedenen Restaurants (Ende Juli) | Schafscheid (jeweils am Montag nach dem Eidgenössischen Bettag)

BESONDERE UNTERKÜNFTE Hotel de la Cascade in Jaun | Hotel zur Hochmatt in Im Fang

THEMENWEGE Erlebnisweg Jaun und Detektivweg (bei der Bergstation der Sesselbahn) | Naturlehrpfad (am Jaunbach unterhalb Im Fang) | Geologischer Pfad der Gastlosen (zwischen Gross Rüggli und Chalet du Soldat)

EINKAUFEN Bäckerei/Lebensmittel Les Arcades sowie Bäckerei Michel Buchs, beide im Dorf an der Hauptstrasse | Käserei Jaun/Bellegarde mit Verkaufsladen beim Kappelboden

WANDERFÜHRER Daniel Anker, Manuel Haas, «Alpinwandern Freiburg», SAC Verlag 2014

INFORMATIONEN Tourismusbüro Jaun, an der Hauptstrasse beim westlichen Dorfeingang, Telefon 026 929 81 81, www.la-gruyere.ch

Steile Wege führen durch
die Gastlosen.

VON CHARMEY NACH JAUN

DURCH DEN WEITEN UND GRÜNEN TALBODEN ZU FUSS ÜBER DIE SPRACH-GRENZE – ZUERST AN DER JOGNE ENTLANG, SPÄTER AM JAUNBACH, WAS EIN UND DASSELBE IST.

CHARAKTER Einfache Wanderung (T1). Dank mehrerer Bushaltestellen am Weg lässt sie sich nach Belieben verkürzen.
WANDERZEIT 2½ Std.
AUSGANGSPUNKT Charmey, Haltestelle La Fulateyre (871 m)
ENDPUNKT Jaun (1015 m)
ROUTE Da der erste Abschnitt des Talwegs meist über Teer führt, empfiehlt sich ein Start bei La Fulateyre. Von dort auf einem unscheinbaren Pfad zur Jogne hinüber. Den Fluss entlang nach Bonnefontaine, die Uferseite wechseln und zur Talenge beim Pont du Roc. Ein leichter Aufstieg führt zum Hof Les Fornys, dann geht es zurück zum Fluss. Das Kieswerk von Le Brésil wird in Strassennähe umwandert, anschliessend folgt man wieder dem Jaunbach – vorbei an einem Weiher mit Informationstafeln. Später quert man auf einer Brücke ins Dorf Im Fang. Beim dortigen Hotel zur Hochmatt die Strasse nach rechts verlassen und auf dem Wanderweg weiter. Kurz nach einem Holzwerk erneut über den Jaunbach. Die nun folgende Ebene ist eher ereignislos, doch nach einer Viertelstunde taucht man wieder in die ruhige Wasserlandschaft ein. Nach einigen Flussschlaufen führt der Weg hinauf zur alten Kirche von Jaun. Ehe man ins Dorf spaziert, lohnt sich ein Abstecher zum nahen Wasserfall.

ÜBER DEN EUSCHELSPASS

EINE LEICHTE UND BELIEBTE WANDERUNG DURCH TYPISCH VORALPINES WEIDEGELÄNDE – VON KUH ZU KUH, VON ALPBEIZLI ZU ALPBEIZLI, VON SCHWARZSEE NACH JAUN.

CHARAKTER Breite Wiesenwege und Strässchen (T1)
WANDERZEIT 2 Std.
AUSGANGSPUNKT Sesselbahn-Bergstation Riggisalp (1485 m)
ENDPUNKT Jaun (1015 m)
ROUTE Die Talstation der Sesselbahn befindet sich bei der Haltestelle Gypsera am Schwarzsee auf Boden der Gemeinde Plaffeien, aber bereits beim ersten Mast schwebt man über Jauner Wiesen. Von der Bergstation führt der Wanderweg, ein Alpsträsschen mit Naturbelag, leicht ansteigend zu einer Kuppe mit Kreuz, dann hinab zur Alp(wirtschaft) Untere Euschels, hinauf zur Alp(wirtschaft) Obere Euschels und schliesslich zum Euschelspass (1567 m) mit schönem Blick auf die Kette der Gastlosen. Nach einem kurzen Abstieg kommt man erneut an einer Beiz vorbei, der Ritzlialp. Es folgt ein zehnminütiger Abschnitt auf Hartbelag, den man bei einem Wegweiser nach rechts verlässt. Durch ein Tälchen hinab – zunächst im Bereich einer Stromleitung, die bei der Oberi Dorfallmend (auch sie eine Alpwirtschaft) nach links verschwindet. Nach der Kreuzung mit einer Strasse wird der Weg richtig lauschig und windet sich durch Wald und offene Flächen hinab zu den oberen Häusern von Jaun. Von dort auf dem markierten Wanderweg oder der Nase nach ins Dorf.

RUND UM DIE GASTLOSEN

UMRUNDUNG DES BEKANNTEN, FORMSCHÖNEN KLETTERMASSIVS, MIT EINKEHRMÖGLICHKEITEN BEIM AUSGANGSPUNKT, BEIM CHALET DU SOLDAT UND BEIM CHALET GRAT.

CHARAKTER Mittelschwere Bergwanderung. Der Weg ist stellenweise steil und etwas rutschig, aber nirgends ausgesetzt (T2/T3).
WANDERZEIT 4¼ Std.
AUSGANGS-/ENDPUNKT Musersbergli (1570 m, Bergstation Gastlosen-Express)
ROUTE Von der Sesselbahnstation den Weg zum Chalet du Soldat einschlagen. Nach einer Viertelstunde, beim Gustiweidli, folgt man dem unteren Flurweg, bei der nächsten Abzweigung geht es links. Der Pfad wird schmal und schlängelt sich durch den stark kupierten Stillwasserwald, um später in ein Strässchen zu münden. Auf diesem via Ober Sattel zum Chalet du Soldat. Nun links durch etwas ruppiges Gelände, zuerst waldig, später eher felsdurchsetzt, den Hang ansteigend queren. Eine kurze Traverse führt zum Pass namens Wolfs Ort (1915 m). Ostseitig nur wenig hinab und dann nach links. Über sanfte Weiden unter den Wänden von Rüdigenspitze und Pfadflue weiter. Unter den Marchzähnen sticht der Weg in einen Wald, um später in ein Strässchen zu münden. Vom Chalet Grat ruppig nach Norden absteigen, dann nach links durch schönen Wald hinauf zum Ausgangspunkt.

GLETSCHER, WILDBÄCHE UND WASSERFÄLLE

Der Gamchibach, wichtigster
Quellfluss des Kientals.

Die versteinerte Bachflue.

BLÜEMLISALP –
BERGMASSIV UND WEIDELAND

« Wer kennt ihn nicht, den schneeweissen, dreigipfligen Berg namens Blüemlisalp? Er ist das Wahrzeichen des Frutiglandes und des Kientals. In alten Zeiten waren aber nur die obersten Gipfel mit Schnee und Eis bedeckt, der grösste Teil des Berges bestand aus saftigen Alpweiden mit vielen bunten Blumen. Es war die beste und ertragreichste Alp weit und breit. Die Kühe mussten dreimal am Tag gemolken werden und dicke, prächtige Käselaibe füllten die Speicher. Der Senn wurde immer reicher. Eines Tages holte er sich eine junge, aber hochmütige Magd ins Haus. Um ihr zu gefallen und damit ihre Füsse nicht schmutzig wurden, baute er aus Käselaiben einen Weg ums Haus. Die Fugen füllte er mit süsser Alpbutter, und mit frischer Milch wusch er jeweils den Dreck von den Stufen. Die beiden lebten in Saus und Braus und hielten sich nicht mehr an die Sitten des Landes. An einem heissen Sommertag machte sich die Mutter des Sennen auf den Weg. Sie wollte mit ihrem Sohn auf der Alp sprechen und ihn von diesem schlechten Tun abbringen. Müde und durstig erreichte sie die Alphütte. Der Bursche liess aber nicht mit sich reden, im Gegenteil, er lachte die Mutter nur aus, und auf Geheiss seiner Geliebten servierte er ihr extra verschmutzte, saure Milch. Entsetzt und wütend wandte sich die Mutter zum Gehen. Atemlos erreichte sie den Talgrund. Sie schaute hinauf zur Alp, hob ihre Arme und rief: ‹Gott strafe euch heute noch, ihr Frevler. Seid auf immer und ewig verflucht auf der Blüemlisalp!› Nun begann ein Tosen und Rauschen, schwarze Wolken türmten sich um den Berg, und riesige Fels- und Eisbrocken stürzten von den Gipfeln hinunter auf die Alp. Das Brüllen von Tieren und Menschen vermischte sich mit dem Toben der Elemente. Von nun an blieb die Blüemlisalp weiss und kalt. Alle Versuche, sie vom Eispanzer zu befreien, schlugen fehl. Manchmal, wenn ein heftiges Unwetter tobt am Berg, steigen der Senn und seine Dirn aus den Schründen empor und rasen brüllend und tosend über Berg und Tal mit dem Sturm um die Wette. Wehe den Menschen, die ihnen dabei begegnen!»

Der Alpenraum ist reich an Sagen. Nicht selten handeln sie von Vergehen gegen die rechtschaffene Ordnung, die nicht ungesühnt bleiben dürfen. Die Blüemlisalp-Sage vereint gleich zwei solche sittenwidrigen Handlungen, den Hochmut und die Verschwendung der Gaben der Natur. Sie kommt in unterschiedlichen Varianten an vielen Orten

HÖCHSTER PUNKT
Morgenhorn, 3620 m

TIEFSTER PUNKT
Einmündung in die Kander
bei Reichenbach, 711 m

HAUPTFLÜSSE
Chiene, Gornerewasser/Gamchibach,
Spiggebach

HAUPTBAUMARTEN
Fichte, Tanne

SCHUTZGEBIETE
Unesco-Welterbe Schweizer Alpen
Jungfrau-Aletsch, BLN-Landschaft
Berner Hochalpen, Auengebiete
Tschingel und Gamchigletscher,
Jagdbanngebiet Kiental

SIEDLUNGEN
Rufenen, **Kiental**

SCHÜTZENSWERTE ORTSBILDER
keine

DAUERHAFT BESIEDELT BIS ETWA
1470 m

TYPISCHE FAMILIENNAMEN
Aellig, Greber, Lengacher, Schluchter,
von Känel

vor, jene aus dem Kiental gehört wohl zu den berühmtesten. Sie wurde später auch vielfach und sehr unterschiedlich gedeutet, etwa als Zeugnis der Kleinen Eiszeit, die vom 13. bis zur Mitte des 19. Jahrhunderts dauerte. Damals drangen die Gletscher weit vor und begruben zahlreiche Alpen, und da die Menschen keine andere Erklärung dafür hatten, interpretierten sie die vorrückenden Eismassen als eine Strafe Gottes oder der Natur.

Die Sage bietet uns aber auch einen symbolisch überaus passenden Einstieg. Denn sie bringt zwei zentrale Elemente des Kientals zusammen: die stark vergletscherte Blüemlisalp, die als wuchtiger Abschluss die Kulisse dominiert, wie auch die vielen blumenreichen Alpen, die stark zur Identität und zum Stolz des Tals beitragen.

DAS ALLGEGENWÄRTIGE WASSER

Es gibt noch einen weiteren Faden, der die eisige Einöde des Hochgebirges mit den saftigen Sommerweiden und, darüber hinaus, mit dem sattgrünen Talboden verbindet: das Wasser. Zwar regnet es im Kiental nicht häufiger oder intensiver als in anderen Gebieten des Berner Oberlands, doch das Wasser ist hier tatsächlich allgegenwärtig. Und so könnte dessen Weg aussehen: An den Gipfeln im hintersten Talkessel, zwischen Blüemlisalp und Gspaltenhorn, fällt ein Schneestern. Er bleibt liegen und wird nach einigen Jahren zu einem Eiskorn. Als Teil des Gamchigletschers fliesst er langsam talwärts, bis es ihm zu warm wird. Dann schmilzt er und wird zum Tropfen. Zusammen mit vielen anderen Tropfen frisst er sich durchs Gestein, bildet eine Schlucht, dann eine Schwemmebene, dann eine weitere Schlucht, stürzt unterhalb der Griesalp in mehreren kleinen Wasserfällen auf die Tschingelalp. Von dort zieht er mal schäumend, mal still und ruhig durch die Landschaft und schliesst sich weiterer Tropfen an, die von den Seitentälern hinzukommen. Irgendwann verlässt er das Kiental, wirft sich bei Reichenbach in die Kander und eilt Richtung Thunersee.

Alles in allem ein ewiger Lauf. Schaut man genauer hin, zeigen sich aber auch Brüche neueren Datums. Der eine betrifft den Gamchigletscher. Infolge der Klimaerwärmung fällt er in eine obere und eine untere Hälfte auseinander. Sobald die Verbindung zwischen den beiden Teilen abreisst, was möglicherweise bereits geschehen ist, verliert der untere Gletscherabschnitt seine Nahrung und stirbt ziemlich rasch ab. Die Glaziologen sprechen in solchen Fällen von Toteis. In dieser Beziehung ist das Kiental keine Ausnahme: Das Auseinanderbrechen von Gletschern lässt sich praktisch überall in den Alpen beobachten.

Eis am Morgenhorn.

Der junge Gamchibach
im Gamchigletscher.

EIN SEE
MIT ABLAUFDATUM

Wesentlich exklusiver ist da ein anderes Naturereignis, mit dem das Kiental aufwarten kann. Vor knapp fünfzig Jahren entstand hier, nach einem intensiven Gewitter, ein neuer See. Wortwörtlich über Nacht.

«Plötzlich wurde es dunkel; unter fürchterlichem Tosen und Krachen wälzten sich auf einmal riesige Gesteinsmassen vom Aermiggraben hinunter und bildeten für die ebenfalls angeschwollenen Talgewässer einen Riegel. Der Gefahr bewusst, begannen wir sofort mit dem Wegtrieb des Viehs von der Tschingelalp, da sich die Wasser hinter dem immer grösser werdenden Damm rasch zu einem See aufstauten. Im allerletzten Moment konnte auch die letzte Kuh – das Wasser stand ihr und uns schon am Bauch – in Sicherheit gebracht werden. Dann blieb uns nichts mehr übrig, als der wütenden Natur freien Lauf zu lassen und die Leute im Dorf zu alarmieren.» Mit diesen Worten zitierte das «Thuner Tagblatt» einen Bauern, der jene Nacht vom 18. auf den 19. Juli 1972 hautnah mit-

Direkt miteinander verbunden: Tschingelsee und Gamchigletscher.

erlebt hatte. Die Zeitung erwähnte auch entwurzelte Tannen, Baumstrünke, Felsbrocken, Geröll und allerlei Geschiebe. Andere Seitenbäche hätten talauswärts mehrere Brücken weggerissen. Eine «Naturkatastrophe».

Da in der Schweiz nicht gerade alle Tage ein neuer See entsteht, fuhren bald unzählige Neugierige ins Kiental, um das Schauspiel zu bewundern. Aus der Überschwemmung und Verwüstung einer blühenden Alp wurde rasch ein Spektakel. Ein Jahr später war das «Thuner Tagblatt» wieder vor Ort, fragte «Bleibt der an und für sich idyllische jüngste Schweizer ‹Natursee› der Nachwelt erhalten?» und schlug gleich vor: «Mit nicht allzuviel Aufwand liesse sich der Wasserstand beim Ausfluss wohl soweit regulieren, dass der ‹Tschingelsee› zur eigentlichen Attraktion des Tales erhoben werden könnte.» So schnell kann aus einer «Naturkatastrophe» eine «Attraktion» werden.

Allerdings war das Gewässer von Beginn weg nur wenige Meter tief. Und die Wildbäche, die hier einmünden, schütten es allmählich mit Geschiebe zu. Derzeit präsentiert sich die Landschaft als ungeordnete Schwemmebene, durch die sich das Wasser immer wieder neue Wege sucht – ein Wirrwarr aus Rinnsalen. Das seit 1987 unter Naturschutz stehende Biotop bietet vielen Tieren und Pflanzen eine neue Heimat. Manchen wohl nur provisorisch, bis zur vollständigen Verlandung. Und die ist mittlerweile derart fortgeschritten, dass die aktuellste Ausgabe der Landeskarte die Ebene nun als «Ehemaliger Tschingelsee» bezeichnet.

Heute können wir die Entstehung des Sees auf starke Niederschläge und lockeres Gestein zurückführen. Wäre der See aber vor drei oder vier Jahrhunderten entstanden, gäbe es wohl eine Sage dazu, mitsamt Frevel, Schuldigen und Moral der Geschichte.

UND EIN SEE,
DER NICHT KAM

Um ein Haar wäre dem Tschingelsee ein anderer zuvorgekommen. Ein künstlicher. Denn der Wasserreichtum war auch den Stromproduzenten aufgefallen. Bereits vor 1910 lag eine Konzession zur Nutzung der Tschingelfälle vor, die allerdings ungenutzt verstrich. In den 1930er-Jahren diskutierten dann Fachkreise über einen Stausee im Gamchi, einem Kessel auf rund 1700 Metern. Nach dem Weltkrieg kam die Idee wieder aufs Tapet und verdichtete sich in den 1960ern zu einem gigantischen Projekt. Die Bernischen Kraftwerke (BKW) planten damals ein ganzes Netzwerk an Anlagen. Von der Jungfrau bis zum Wildstrubel sollten die Wasser ins Kiental geleitet werden, im Gamchi wäre mit einer rund 200 Meter hohen Staumauer ein See mit 90 Millionen Kubikmeter Inhalt entstanden, fast so gross wie der Grimselsee. Da sich am Horizont die Nutzung der Atomkraft abzeichnete, sahen die BKW gleich ein Pumpspeicherwerk vor: In Zeiten niedrigen Stromverbrauchs – nachts, an Feiertagen und an Wochenenden – wollten sie mit dem überschüssigen Atomstrom Wasser aus dem Thunersee durchs Kiental in den Gamchisee hochpumpen.

1964 führten sie Untersuchungen vor Ort durch, was im Tal gar nicht gut ankam. So berichtete der Korrespondent des «Walliser Boten»: «Ungeachtet der starken Opposition gegen die Kraftwerkpläne begannen im Kiental, vor allem auf der Alp Gamchi, umfangreiche Sondierungsarbeiten. Der Auftraggeber fand es nicht notwendig, die Hirten und die Alpschaft vorher davon in Kenntnis zu setzen. Kein Wunder, dass zwischen Alpschaft und BKW Kriegszustand herrscht. Wegen der Sprengungen und dem Bohrlärm lebt das Vieh in ständiger Unruhe, die Helikopter-Transporte tragen das Ihrige dazu bei, so dass sich der Hirt über den starken Rückgang der Milchleistung beklagt. Als gar noch ein trächtiges Rind vor Schreck in die Schlucht sprang, war ‹Heu gnueg ache›. Alle weiteren Arbeiten wurden bis zur vollen Schadenvergütung und bis zur Alpabfahrt verboten. Dass sich in der Presse einzelne Feriengäste ebenfalls über den Lärm im sonst so stillen Kiental beschweren, macht die Sache nicht einfacher.»

Im Folgejahr fanden noch weitere Tiefenbohrungen statt. Doch angesichts des energischen Widerstands, der weit über das Kiental hinaus reichte, liessen die BKW schliesslich die Finger vom riesigen Projekt und beerdigten es sang- und klanglos. So blieb die natürliche Schönheit des Gamchi erhalten. Seit 2007 gehört es gar zum Unesco-Welterbe Schweizer Alpen Jungfrau-Aletsch.

Der Tschingelsee verlandet
und ergrünt zusehends.

Spitzer Schärsax über
dem Gornergrund.

BERGERS DE L'OBERLAND S'EXERÇANT AU JEU DE LA LUTTE,
heisst das monumentale 3,4 auf 2,4 Meter grosse Ölbild des
Genfers Auguste Baud-Bovy (1848–1899). 1887 entstanden und
zwei Jahre später an der Weltausstellung in Paris gezeigt,
hängt es heute im Musée d'art et d'histoire de Genève. Wir sehen
zwei Hirten auf einer Weide im hinteren Kiental, beim Dürreberg.
Sie haben Jacke, Hut und «Chäppi» abgelegt und messen sich
beim Schwingen. Ein Junge schaut zu, Kühe am Rand liefern den
Kontext. Im Hintergrund bilden die Fels- und Eisberge der Blüemlisalp eine eindrückliche Kulisse. Die Szene ist gestellt, und was
sich die beiden kräftigen Burschen beim Hosenlupf dachten, als
sie für einen weitgereisten Städter posierten, ist leider nicht über-
liefert. Baud-Bovy, der zeitweise in einem Chalet in Aeschi bei
Spiez lebte, liess sich von der Region gerne inspirieren und reali-
sierte einen ganzen Zyklus von Kientaler Hirtenszenen. Damals
waren solche Darstellungen en vogue, und die Hirtenkultur galt,
mehr noch als die gewöhnliche Landwirtschaft, als Sinnbild
der «unverdorbenen» und «urwüchsigen» Alpenschweiz.

144

DIE BÄUERT
KIENTAL

Verlassen wir nun die höheren Regionen und wenden uns dem eigentlichen
Dorf zu. Ein kompakter Ortskern lässt sich nicht ausmachen, die Häu-
ser reihen sich eher die Strassen entlang. Dafür fallen die traditionellen
Holzchalets und Bauernhöfe auf. Ringsherum ist Grün die dominierende
Farbe, saftige und blumenreiche Wiesen prägen das Bild. Der liebliche
Anblick erinnert durchaus an eine Postkartenidylle, und der perfekt inszenierte
Zugang zum Kirchlein, mit dem Blüemlisalp-Massiv als Kulisse, könnte das Werk
eines grossen Landschaftsarchitekten sein. Erstaunlicherweise beschränkt sich
die Dauerbesiedlung auf tiefe Lagen: Nur wenige Höfe und ganzjährig genutzte
Wohnhäuser liegen oberhalb von 1100 Metern.

«Abgeschlossen von der lärmenden Welt, angelehnt an den sonnigen Hang
und umgeben von einem Kranz von Bergen, ladet es zur Ruhe ein», hiess es in
einer Werbebroschüre der Postauto-Verwaltung aus den 1930er-Jahren. Daran hat

sich wenig verändert. Durch die Enge beim Taleingang wirkt das Dorf weiterhin abgesondert, wie eine kleine Welt für sich. Eigenständig ist es aber nicht, sondern gehört zur Gemeinde Reichenbach – als eine von acht Bäuerten. Darunter versteht man im Berner Oberland traditionelle Siedlungen und Nachbarschaften, die gewisse dezentrale Aufgaben wahrnehmen, wie bei einer Stadt die Kreise oder Stadtteile. Im Fall von Reichenbach bilden die Bäuerten «organisatorische Einheiten der Einwohnergemeinde» und sind für den Unterhalt der Schulen und Strassen sowie für die Waldbewirtschaftung zuständig, während alles andere von der Gemeinde geregelt wird.

Insgesamt wohnen rund 200 Menschen im Kiental. Die Zahl ist seit Jahrzehnten stabil, Abwanderung scheint kein grosses Thema zu sein. Viele Familien leben von der Viehhaltung und Alpwirtschaft: Kühe, Rinder und Schafe stehen dabei im Vordergrund. Ein weiterer wichtiger Erwerbszweig ist der Tourismus mit seinem dichten Netz an Gasthäusern, Berghütten und Alpbeizli. Zu den Publikumsmagneten gehören die Postautostrecke auf die Griesalp, angeblich die steilste der Schweiz, die Nationale Wanderroute Nummer 1 mit den beliebten Pässen der Sefinenfurgge und des Hohtürli sowie die Hochtouren auf Gipfel wie Blüemlisalp und Gspaltenhorn.

Daneben pendeln zahlreiche Einwohner zur Arbeit ins Kandertal, nach Spiez oder Thun. Pendeln müssen auch die Kleinen. Kindergarten und Primarschule befinden sich ausserhalb des Tals, in den benachbarten Bäuerten Faltschen und Scharnachtal – mit Fahrzeiten von fünf bis zehn Minuten doch sehr überschaubare Strecken. Wie auch sonst vieles überschaubar wirkt. Und bezüglich Vereinsleben? Da kann das Kiental mit jedem richtigen Berner Oberländer Dorf mithalten: Es hat einen Jodlerklub, einen Skiklub und eine Trychlergruppe.

Das Kiental zieht: Sei es mit seinen Berggasthäusern rund um die Griesalp, sei es als Blickfang vom Niesen aus, eingerahmt von Blüemlisalp und Gspaltenhorn (gegenüber).

WO, WIE, WAS?

Hängegletscher beim
Blüemlisalpsattel.

ANREISE Ausgangspunkt der Postautolinie
ins Kiental ist der Bahnhof Reichenbach
im Kandertal. Der hintere Teil des Tals und
die Griesalp werden lediglich von Juni
bis Oktober bedient. An schönen Wochenenden ist oft mit Andrang zu rechnen.

BESONDERE ORTE Der Tschingelsee (Naturschutzgebiet, freies Herumstreunen
ist nicht erlaubt) | Das Gamchi (eine gute
Wanderstunde hinter der Griesalp) |
Der schuttbedeckte Teil des Gamchigletschers (durch Wanderweg erschlossen,
siehe Wandertipp Gspaltenhornhütte) |
Der Blick vom Niesen ins Kiental

ANLÄSSE Blüemlisalp-Lauf (Ende Mai/Anfang
Juni, von Reichenbach bis zur Griesalp) |
Ramslauenen-Schwinget (Mitte Juli) |
Alpabzug von der Griesalp (im September)

BESONDERE UNTERKÜNFTE Hotel Alpenruh |
Hotels auf der Griesalp (inklusive Hotel
Waldrand/Pochtenalp) | Gspaltenhornhütte

THEMENWEGE Sagenwege (im ganzen Tal) |
Alpwirtschafts- und Naturlehrpfad
(Griesalp) | Wildwasserweg (zwischen
Griesalp und Dorf) | Postauto-Erlebnisweg
(Griesalp) | Bärenpfad (zwischen Tschingel
und Golderli) | Guggerweg (Kuckucksweg,
von Ramslauenen bis Gasthaus Alpenruh) |
Kinderpfad «Kien Zappu Rundweg»
(Ramslauenen)

EINKAUFEN Bäckerei und Dorfladen Aellig,
an der Hauptstrasse unweit des Hotel Bären
(www.aellig-kiental.ch)

WANDERFÜHRER Daniel Anker, «Berner
Oberland West», Rother Verlag 2019

LESETIPPS Daniel Anker/Marco Volken,
«Blüemlisalp. Schneezauber und die sieben
Berge», AS Verlag 2018 | Fritz Bach, «Sagen
aus dem Frutigland», Altels-Verlag 1985,
erhältlich auch direkt bei Egger Print in
Frutigen (www.egger-ag.ch)

INFORMATIONEN Tourist Center Kiental,
bei der Postautohaltestelle Dorf, Telefon
033 676 10 10, www.kiental-reichenbach.ch

Wildi Frau, 3273 Meter über
dem Mittelmeer.

WILDWASSERWEG

DURCH EINE SCHLUCHT MIT TOSENDEN WASSERFÄLLEN, AM VERLANDENDEN TSCHINGELSEE VORBEI UND DAS MUNTERE GORNEREWASSER ENTLANG.

CHARAKTER In der Schlucht steiles Gelände, Wege gut gesichert, aber oft feucht und rutschig (T2). Ab Gornergrund keine Schwierigkeiten mehr (T1)
WANDERZEIT 2¼ Std.
AUSGANGSPUNKT Griesalp (1408 m)
ENDPUNKT Kiental (958 m)
ROUTE Bei der Griesalp auf einer Brücke das Gornerewasser überqueren und auf einem Weg den Gamchibach entlang talauswärts. Nach einer zweiten Brücke gelangt man zum Gasthaus Pochtenalp. Dort links und auf dem Wildwasserweg in die Tiefe (der abzweigende Postauto-Erlebnisweg mündet später wieder ein). Beim «Hexenkessel» überquert man den Bach und steigt anschliessend, teils auf dem Weg, teils auf der Strasse, hinab in die Ebene des Gornergrunds. Nun auf oder neben der Strasse talauswärts, den Tschingelsee zur Linken. An dessen Ende würde der Weg über eine Brücke auf die linke Talseite führen, doch der Abschnitt ist wegen eines Felssturzes bis auf Weiteres gesperrt. Deshalb wechselt man erst beim Restaurant Alpenruh die Bachseite. Mal näher am Wasser, mal weiter weg wandert man weiter talauswärts. Nach einer Weile führt eine Brücke wieder über den Bach, und bald erreicht man die Einmündung des Spiggebachs. Der Weg leitet schliesslich zur Talstation der Sesselbahn und von dort ins Dorf hinauf.

AABEBERG

MIT WENIG AUFWAND AUF EINE SCHÖNE GIPFELWIESE, PROMINENT GELEGEN ZWISCHEN DEM HAUPTTAL UND DEM RUHIGEREN NEBENTAL NAMENS SPIGGEGRUND.

CHARAKTER Alpstrassen und einfache Bergwege (T2)
WANDERZEIT Aufstieg 1¾ Std., Abstieg 1¼ Std.
AUSGANGS-/ENDPUNKT Griesalp (1408 m)
ROUTE Von der Griesalp hinüber zum Berggasthaus Golderli. Gleich links davon zweigt ein Alpsträsschen ab, das zunächst zum Naturfreundehaus Gorneren führt und dann in vielen Kehren am Gälmi vorbei zum Hasebode. Weiter auf gutem Bergweg zu einem weiten Wiesensattel bei der Chanzel. Dort nach links, an einigen Felsen vorbei auf den erstaunlich breiten Gipfelrücken und zur Wiesenkuppe des Aabebergs (1964 m), von wo man einen prächtigen Rundblick auf das ganze Kiental geniessen kann. (Der Abstieg vom Gipfel Richtung Golderehore und dann links hinab nach Ryschere ist nicht zu empfehlen, da sehr steil, nur spärlich markiert und kaum unterhalten.)
VARIANTE Der Aabeberg lässt sich auch von Norden her, also via Spiggegrund erwandern – was eine interessante Überschreitung von der Griesalp nach Kiental oder umgekehrt ermöglicht (Zeitaufwand: im Aufstieg ab Kiental knapp 4 Std. zum Gipfel, im Abstieg rund 2½ Std.).

GSPALTENHORN-HÜTTE

DER HINTERE TALKESSEL MIT DEN SCHROFFEN BERGEN UND DEM GAMCHI-GLETSCHER IST MINDESTENS EINE WANDERUNG WERT – EIGENTLICH SOGAR EINE ÜBERNACHTUNG.

CHARAKTER Gute Bergwanderwege mit angenehmer Steigung (T2)
WANDERZEIT Aufstieg 3½ Std., Abstieg 2¼ Std.
AUSGANGS-/ENDPUNKT Griesalp (1408 m)
ROUTE Von der Griesalp führen zunächst zwei Wege Richtung Gspaltenhornhütte, je einer auf der linken und rechten Talseite, beide etwa gleich lang. Etwas oberhalb des Bundstäg kommen sie zusammen. Von dort hinauf zum Bürgli und weiter ins Gamchi, einen sehr schönen und grünen Kessel mitsamt Alpbeizli. Der Weg überwindet anschliessend einen Felsriegel mit eingebauter Sprühwasserdusche (es stehen einige Regenschirme zur Verfügung). Konstant ansteigend, quert man durch zunehmend schuttiges Gelände in den Kessel am Fuss des Gspaltenhorns. Ein bequemes Band zwischen Felsen führt schliesslich zur exponiert gelegenen SAC-Hütte (2454 m).
VARIANTE Ein bisschen länger, ein bisschen schwieriger und sehr lohnend ist der Zugang via Bundalp, Oberloch und den geröllübersäten Gamchigletscher zur Hütte (T3, 4¼ Std.).

BRÄUCHE
LEBEN

Lauchernalp – mehr als
eine Alp.

LÖTSCHENTAL

Der Wind spielt auf dem Elwertätsch.

VOM WEISSEN FLECK ZUM MAGISCHEN TAL

Jedes Land hat so seine Klischees, Orte, die für etwas Bestimmtes stehen. So auch die Schweiz: Zermatt ist das Matterhorn, Wengen das Lauberhorn, das Oberengadin die Seen, Schaffhausen der Rheinfall, Leukerbad das Thermalwasser. Göschenen ist der Gotthard, das Simmental eine Kuh, die Gruyère ein Käse, Montreux ein Festival. Beromünster eine Antenne, Olten ein Bahnhof, Kloten ein Flughafen und Bière ein Waffenplatz. Zürich ist das Geld, Genf die Welt, Bern die Macht, Basel die Fasnacht. Luzern und Interlaken sind Tourismus, Locarno eine Piazza Grande. Stereotypen halt. In dieser pauschalen Rollenteilung steht das Lötschental oft als Inbegriff für das Archaische. Wie viel daran stimmt?

Anders als manche Region in diesem Buch benötigt das grösste Oberwalliser Seitental wohl kaum eine Vorstellung. Wo es liegt, wie es aussieht, wie man hinkommt, die Gletscher, die Berge: helvetisches Allgemeinwissen. Das war indes nicht immer so, lange blieb es von der übrigen Schweiz unerkannt. Die zögerliche Entdeckung von aussen setzte erst im Laufe des 19. Jahrhunderts ein. «Vier bis fünf Dörfer liegen hier ganz abgeschieden und unbesucht von der übrigen Welt», stellte 1805 der damals wichtigste Führer fest, Johann Gottfried Ebels «Anleitung auf die nützlichste und genussvollste Art die Schweiz zu bereisen».

Als der St. Galler Johann Jakob Weilenmann 1859 anlässlich einer Hochtour ein paar Tage im Tal verbrachte, kam es ihm nicht nur abgelegen, sondern auch zurückgeblieben vor: «Wie in anderen entlegenen Bergdörfern des Wallis, fühlst du dich beim Durchwandern dieser labyrinthischen Gässchen, beim Anblicke der alterthümlichen Bauart, beim Klange der biderb lautenden Sprache der Bewohner von vergangenen Jahrhunderten angeweht, glaubst dich tief in mittelalterliche Zeiten zurückversetzt.» Gleichzeitig liess der vierzigjährige Junggeselle in seinen Texten durchblicken, wie sehr er von der (weiblichen) Exotik angetan war – beispielsweise von einer singenden Sennerin auf dem Gletscherstafel: «Als sie nach gethaner Arbeit sich zu uns gesellte, und des unkleidsamen, langen Ueberhemdes sich entledigt, das hier die Weiber, statt der in den Thälern des Unterwallis zuweilen gebräuchlichen Hosen, im Stalle tragen, da war ich erstaunt über die schmucke Erscheinung. Der Dialekt des Thales hinderte nicht, dass wir uns verstanden, und die mattbrennende Lampe sah uns bald in trautem tête-à-tête.»

Fremd und Freund zugleich: So schilderten viele das Tal und dessen Leute. Auch Ferdinand Otto Wolf, der 1888 ein Wanderbüchlein namens «Lötschen und Leukerbad» publizierte. «Der Lötschthaler ist ein durch seine Abgeschlossenheit und den steten Kampf mit der feindlichen Natur, mit dem reissenden Gebirgsstrom, mit Lawinen und Steinschlag und andern seine Existenz und seinen Wohlstand bedrohenden Zufällen abgehärteter Volksschlag. Im Allgemeinen ernst und wenig mittheilsam, theilt er mit allen abgesondert lebenden Gebirgsstämmen das Misstrauen gegen Fremdes und Neues, ist jedoch dem einmal ihm Nähergetretenen ein unwandelbar ergebener und treuer Freund.»

Den Talbewohnern fiel die zunehmende Neugierde von aussen durchaus auf, wie uns eine einheimische Stimme verrät: «Früher floh man die schroffen Felsen und zerspaltenen Gletscher als Menschenmörder, heute sucht man sie auf als Uebungsplätze für Mut und Kraft; früher hielt man sich ängstlich fern vom Reiche des ewigen Winters, heute findet man dort die ausgesuchtesten Vergnügen. – Mit der Erschliessung der Berge wurde auch der Sinn geweckt für die Eigenart der Bergbewohner. Ihre Sitten und Gebräuche werden heute mit Vorliebe durchforscht, ihre Kunst und Poesie zu Ehren gezogen. – Diese Wandlungen lassen sich leicht verfolgen in den zahlreichen Schriften über das Lötschental. Ortsbeschreibungen, Chroniken und Reiseberichte bis ins 18. Jahrhundert wissen nicht viel mehr als vom ‹gefährlichen Lötschberg› zu berichten; im ‹goldenen Zeitalter› der Erstbesteigungen ziehen Bergspitzen und Gletscherfelder aller Augen auf sich; erst seit den letzten Jahrzehnten des 19. Jahrhunderts offenbart sich das Interesse für Land und Leute, Geschichte und Sage, Siedelung und Sprache, Sitten und Gebräuche, Volkskunst und Volkspoesie des Lötschentales.» Die Zeilen stammen aus dem Jahr 1929 und aus der Feder von Prior Johann Siegen, der von 1914 bis 1974 als Pfarrer von Kippel wirkte und sich nicht nur als Seelsorger, sondern auch als gewitzter Chronist, Fotograf und Autor touristischer Schriften hervortat.

Das Tal faszinierte jedenfalls durch seine, wie soll man sagen: Unversehrtheit? Reinheit? Hedwig Anneler, Berner Ethnologin und Schriftstellerin, sagte es 1917 so: «Es gibt in unserem Schweizerland viele herrliche Bergtäler. Da und dort prangen die Berge sogar grossartiger als im kleinen Lötschental. Aber fast überall haben die Menschen, oft seit langen Jahren schon, den Hauch der Städte eingeatmet. Der Lötscher Leben wächst bis jetzt noch im Leben des Tales; noch sind die Daseinsformen Kinder des Tales, Brüder der Föhren und der Lärchbäume, knorrig-zart wie sie und ebenso ernstfroh; noch grünen sie wie vor Jahrhunderten. Aber wie lange noch?»

Vielleicht war der Hauch der Städte auch deshalb noch nicht vorgedrungen, weil ihm ein bequemer Zugang fehlte. Eine erste, ungeteerte und staubige Piste erreichte Kippel 1923, die gut 350 Einwohner von Blatten mussten bis 1954 warten. Die Asphaltierung folgte in den 1970ern, einigermassen wintersicher ist der Anschluss ans Strassennetz seit 1986.

Als dann 1981 das Völkerkundemuseum an der Universität Zürich die Ausstellung «Das Kind im Lötschental» zeigte, hielt Katrin Buchmann in der Begleitpublikation fest: «Das Lötschental wird mehr und mehr durch die moderne Lebensführung geprägt und vom heutigen Konsum- und Leistungsgedanken beeinflusst. Touristen, Pendler und die Massenmedien bringen den ‹Duft der grossen, weiten Welt› ins Tal. Neue Bedürfnisse werden geschaffen, neue Massstäbe gesetzt. [...] Die Kinderkleidung unterscheidet sich kaum mehr von derjenigen städtischer Zentren; anstelle der früheren Schlafkammer verfügen die Kinder heute über eigene Zimmer, in denen sie spielen und ihre Schulaufgaben machen können. Diese zivilisatorischen Neuerungen sollten aber nicht darüber hinwegtäuschen, dass tieferliegende Denk- und Handlungsformen im Grunde wenig berührt worden sind.»

Rita Kalbermatten-Ebener und Thomas Antonietti leiten gemeinsam das **LÖTSCHENTALER MUSEUM**, das mit seinen Ausstellungen auf kluge Weise verschiedene Aspekte des Alltags, der Kultur und der Geschichte beleuchtet. Zugleich betreuen sie auch eine umfangreiche Sammlung. Das Lieblingsobjekt von Rita Kalbermatten-Ebener ist ein Relief des Bietschhorns, das Eduard Imhof für die Landesausstellung 1939 in Zürich geschaffen hat, nicht zuletzt, weil sie selbst eine ganz besondere Beziehung zum Bietschhorn hat und der Berg für die Identität des Lötschentals von grosser Bedeutung ist. Für Thomas Antonietti ist der 2012 auf dem Aletschgletscher gefundene Feldstecher der Verschollenen aus Kippel von 1926 ein Museumsobjekt par excellence. Mit den Spuren seiner 86-jährigen Reise im Gletschereis legt er Zeugnis ab von einer menschlichen Tragödie. Er steht aber auch für grössere Zusammenhänge wie Familiengeschichte, Talgeschichte, Gletschergeschichte, Klimageschichte usw.

AUSSENSICHT UND EIGENE WAHRNEHMUNG

Das Tal der Täler, die verlorene Talschaft, starkes und buntes Mittelalter, eine halbwilde Bevölkerung, eines der eigentümlichsten Täler der Schweizer Alpen, das kleine Sibirien, das magische Tal: Solche und ähnliche Zuschreibungen begleiten das Lötschental seit mehr als 200 Jahren. Der Walliser Schriftsteller Maurice Chappaz, zeitlebens vom Archaischen getrieben, bezeichnete das Lötschental 1975 schlicht als Arche in der Arche.

Thomas Antonietti, Ethnologe, ist Kurator und wissenschaftlicher Verantwortlicher des Lötschentaler Museums. Rita Kalbermatten-Ebener, Museumsfachfrau, wirkt dort ebenfalls als Kuratorin, zudem leitet sie die Bereiche Konservierung, Vermittlung und Administration. Wir haben die beiden um kundige Einschätzung gebeten.

Gebaute Landschaft:
Chiematt.

Wie erleben die Lötschentaler ihr Tal? Empfinden sie ihre Landschaft und Kultur als etwas Besonderes?

Die Besonderheiten von Natur und Kultur prägen sicher auch die Sicht der Einheimischen auf ihr Tal. Dazu beigetragen hat aber zweifellos ebenso die Bewertung des Tals von aussen als etwas Einzigartiges. Slogans wie «das Tal der Täler» oder «das magische Tal» haben also sowohl mit der Aussen- wie auch mit der Selbstwahrnehmung etwas zu tun.

Und was machen das Interesse und die Klischees, die dem Lötschental von aussen entgegengebracht werden, mit den Einheimischen?

Zum Teil empfindet man diese Vorstellungen als zu aggressiv, als unbegründete Vorurteile. Andererseits ist der Umgang damit auch cool und gelassen. Gelegentlich werden diese Klischees von der Talbevölkerung sogar geradezu in ihr Gegenteil verkehrt und selbstbewusst inszeniert.

Die Lötschentaler standen ja schon früh im Fokus der schweizerischen Volkskunde und wurden als Paradebeispiel einer «authentischen» oder gar «unverdorbenen» Bergbevölkerung dargestellt. Thomas, du hast in einem Buch von Binnen-Exotismus gesprochen, insbesondere in Zeiten der Geistigen Landesverteidigung. Das könnte man so verstehen, dass die damaligen Ethnologen nicht unvoreingenommen waren, sondern schon wussten,

was sie im Tal finden wollten. Nämlich eine möglichst exotische und heile Welt.

Man muss zeitlich vielleicht noch etwas weiter ausholen. Die wissenschaftliche Volkskunde beginnt im 19. Jahrhundert mit einer Suche nach mythischen Ursprüngen und archaischen Relikten. Diese vermeinte man insbesondere in den alpinen Seitentälern zu finden. Doch das Lötschental hatte den Glücksfall, mit Friedrich Gottlieb Stebler und Hedwig Anneler über zwei Forschende zu verfügen, die den Blick bereits früh ausweiteten. Ihnen ging es nicht um Archaik, sondern um Alltagskultur. Auf diesen Pionierarbeiten konnten spätere Forscher aufbauen. So etwa der Kreis rund um Arnold Niederer oder amerikanische Ethnologen in den 1970er-Jahren. Das Problem des Binnen-Exotismus betrifft also im Fall des Lötschentals eher politische Kreise, die aus diesem Tal das Modell einer idealen Schweiz machen wollten.

Selbst im Wallis galten die Leetschini früher als eigener Schlag, als Sonderlinge.

Die Besonderheiten des Tals erklären sich zum Teil aus der Geschichte, etwa durch den gegenüber dem Oberwallis stärkeren Bezug zur Region Bern. Tourismus, Verkehrs- und Pendlerwesen haben das Tal längst geöffnet. Das versuchen wir auch in unseren Ausstellungen darzustellen. So lautete etwa der Titel einer unserer Sonderausstellungen «lokal global Lötschental». Und ein Bereich unserer Dauerausstellung heisst «Hohe Berge – offenes Tal».

Sakrale Landschaft:
bei der Fafleralp.

Magische Landschaft:
eine Tschäggättä.

Mystische Landschaft: am Majinghorn.

BRAUCH
UND SPEKTAKEL

Zu den bekanntesten Traditionen des Lötschentals gehören die Tschäggättä, die Fastnachtsfiguren. Mit ihren ausdrucksstarken Holzmasken (Larven), den zerzausten Kleidern aus Schaf- oder Ziegenfell und den umgebundenen Trichla (Kuhschellen) wirken sie überaus furchteinflössend. Zum Brauch und Spiel gehört, dass die Tschäggättä gern Leute überfallen und mit Schnee einreiben. Holzmasken mit menschlichen Zügen und tierischen Fellen kennt man aus vielen Weltgegenden, beispielsweise aus Afrika. Ob die Lötschentaler Larven deshalb so exotisch und archaisch anmuten? Jedenfalls wurden sie oft in Völkerkundemuseen gezeigt. 1939 konnte man sie nicht nur an der Landesausstellung in Zürich bewundern, sondern sogar an der Weltausstellung in New York. In der Nachkriegszeit entstand eine Nachfrage nach Souvenirlarven, was mancher Familie im Tal zu einem bedeutenden Erwerb verhalf.

Manchmal ist von «erfundenen Traditionen» die Rede, also von konstruierten Bräuchen, die nicht so weit in die Vergangenheit zurückreichen, wie sie vorgeben. Wie alt ist der Brauch der Tschäggättä?

Im 19. Jahrhundert gibt es in der Tat das Phänomen der «erfundenen Traditionen». Die Tschäggättä gehören nicht dazu. Ihr Ursprung ist zwar ungeklärt, doch dürfte sich der Brauch in der Barockzeit herausentwickelt haben. Sichere Belege gibt es allerdings erst für das 19. Jahrhundert. Stark mitgeprägt hat den Brauch auch die Aufwertung von aussen durch Ethnologen, Kunstschaffende, Tourismus und Medien.

Die Tschäggättä locken während der Fastnachtszeit jeweils viele Besucher aus der ganzen Schweiz an. Was passiert mit einem alten Brauch, wenn er zum touristischen Anlass wird? Verliert er seinen Charakter? Oder diente er schon von Anfang an der Unterhaltung?

Bräuche entwickeln sich immer aus ganz bestimmten Bedürfnissen heraus. Der Nutzen ist stets ein doppelter: Der Brauch vermittelt dem Brauchausübenden ein gutes Gefühl. Und dem Publikum wird der Brauch zum unterhaltsamen Spektakel. Wenn also ein Brauch wie die Tschäggättä auch einen touristisch-wirtschaftlichen Nutzen hat, wertet dies ihn nur auf und tut dem Spass der Einheimischen keinen Abbruch.

Die Tradition entwickelt sich weiter.

BEWAHRUNG
UND ERNEUERUNG

Heute zählt das Tal einige Dutzend aktive Maskenschnitzer. Die meisten entwerfen und fertigen ihre Larven ausschliesslich für den Eigengebrauch oder aus künstlerischem Antrieb und entwickeln einen persönlichen Stil. Während sich manche stark der Tradition verpflichtet fühlen, interpretieren andere den Brauch neu und lassen sich von aktuellen Trends inspirieren, etwa von der Ästhetik der Horrorfilme, der Hardrock-Kultur oder der Science-Fiction. Ihre Masken werden deshalb zuweilen als «Hollywood-Grindä» bezeichnet.

HÖCHSTER PUNKT
Bietschhorn-Nordgipfel, ca. 3915 m

TIEFSTER PUNKT
Ausmündung bei Gampel, 650 m

HAUPTFLUSS
Lonza

HAUPTBAUMARTEN
Lärche, Fichte

SCHUTZGEBIETE
Unesco-Welterbe Schweizer Alpen Jungfrau-Aletsch, BLN-Landschaft Aletsch-Bietschhorn, Auengebiete Langgletscher/Jegigletscher, Chiemadmatte und Tännmattu, Jagdbanngebiete Bietschhorn und Wilerhorn

SIEDLUNGEN
Eisten, Blatten, Ried, Weissenried, **Wiler**, Lauchernalp, Kippel, Ferden

SCHÜTZENSWERTE ORTSBILDER
Kippel, Weissenried, Blatten, Eisten

DAUERHAFT BESIEDELT BIS ETWA
2120 m

TYPISCHE FAMILIENNAMEN
Bellwald, Blötzer, Ebener, Henzen, Jaggi, Kalbermatten, Lehner, Murmann, Rieder, Ritler, Rubin, Siegen, Tannast

158

Bietschhorn – selbst ohne Haupt ein Charakterberg.

LÖTSCHENTAL

Das Lötschental kann
fliegen ...

In manchem Bergtal haben sich die Generationen
des Wirtschaftsbooms wenig für ländliche Traditionen interessiert und sie gar als rückständig
zurückgewiesen. Und nun sind es ihre Kinder,
die alles neugierig wiederentdecken. Wie ist das
im Lötschental?

Im Lötschental lief die Entwicklung etwas anders.
Vor allem nach der Eröffnung des Lötschbergtunnels
und durch die Entwicklung des Sommertourismus
ist schon früh ein starkes Interesse am Brauchtum
des Tals entstanden. Das hat die Leute bestärkt, ihre
Traditionen weiterhin auszuüben. Beim religiösen
Brauchtum kommt sicher auch eine gewisse Glaubens-
überzeugung zum Ausdruck, die im 20. Jahrhundert
kaum einen Einbruch erlitten hat.

Zu sagen ist aber auch, dass das Lötschentaler
Brauchtum stets eine erstaunliche Anpassungsfähig-
keit bewiesen hat und so das Interesse an bestimmten
Praktiken auch bei den Jungen wach geblieben ist.
Hätte sich zum Beispiel der Brauch der Tschäggättä
nicht verändert (Nachtverbot, ursprünglich nur von
ledigen Männern ausgeübt, frühere Grobheiten usw.),
würde es ihn heute vermutlich nicht mehr geben.
Und gerade die heutigen Diskussionen wie der Streit
über die «Hollywood-Grindä» beleben den Brauch
von Neuem und sichern seine Weitergabe an eine
nächste Generation.

... und steht auf festem Grund.

Zum Schluss noch eine persönliche Frage. Rita,
du bist Lötschentalerin, während Thomas aus Visp
stammt. Habt ihr den gleichen Blick aufs Tal?

Rita: Nein, wir haben sicher nicht den gleichen
Blick aufs Tal. Ich bin hier aufgewachsen, habe
den Wandel miterlebt und empfinde meinen Wohn-
ort Blatten als Privileg. Gewiss fehlen hier gewisse
Angebote, doch wird dies durch die Berge, die Natur
und die Ruhe mehr als kompensiert. Bin ich doch
sehr gerne auch draussen zu Hause.

Thomas: Mein Blick aufs Tal ist primär ein ethno-
logischer. Dank einer wissenschaftlichen Forschungs-
tradition, die bis ins 19. Jahrhundert zurückreicht,
und dank eines Museums mit Beständen, die ganz einfach ausserordentlich sind, können wir hier auf einem
Wissenstand aufbauen, der wohl einmalig ist. Doch
natürlich ist im Laufe der Jahre auch eine wertvolle
Beziehung zur Talbevölkerung entstanden und eine
Vertrautheit mit den lokalen Gepflogenheiten.

159

WO, WIE, WAS?

Steinwild am Lötschenpass.

ANREISE Vom Bahnhof Goppenstein an der Lötschberg-Bergstrecke fahren Postautos im Stundentakt ins Lötschental – im Winter und Frühling bis Blatten, im Sommer und Herbst bis zur Fafleralp.

BESONDERE ORTE Die Ortskerne von Kippel und Blatten | Der Weiler Chiematt (Kühmad) | Das Bietschhorn (zum Anschauen und Besteigen) | Die Faldumalp | Der Langgletscher | Lötschentaler Museum in Kippel (www.loetschentalermuseum.ch) | Galerie Albert Nyfeler in Kippel, Besichtigungen nach Vereinbarung, (www.galerie-nyfeler.ch)

ANLÄSSE Lötschentaler Fastnacht | Prozessionen der Herrgottsgrenadiere (an Fronleichnam, am Segensonntag sowie an den Kirchweihfesten der vier Gemeinden)

BESONDERE UNTERKÜNFTE Hotel Fafleralp | Hotel Breithorn und Edelweiss in Blatten | Hotel Nest- und Bietschhorn in Ried | Berghaus Lauchernalp | Hotel Bietschhorn in Kippel | Lötschenpass-, Hollandia- und Bietschhornhütte

THEMENWEGE Lötschentaler Sagenweg (entspricht dem Höhenweg, siehe Wandertipps) | «Sehen und verstehen» (Lehrpfad zum Thema Klima- und Gletscherlandschaft, zwischen Fafleralp und Anenhütte) | Kinderpfad Alperlebnisweg (auf der Lauchernalp)

EINKAUFEN Dorfladen in Blatten, Wiler und auf der Lauchernalp | Bäckerei in Kippel | Genuss-Hofladen in Ried (www.danislamm.ch)

WANDERFÜHRER Marco Volken, «Oberwalliser Sonnenberge», Rotpunktverlag 2019

LESETIPPS Johann Siegen, «Lötschental. Ein Führer für Touristen» sowie «Sagen aus dem Lötschental», beide (und viele weitere spannende Bücher zum Tal) im Lötschentaler Museum erhältlich | Ebenso Maurice Chappaz' «Lötschental. Die wilde Würde einer verlorenen Talschaft»

INFORMATIONEN Lötschental Tourismus, bei der Talstation der Lauchernalpbahn in Wiler, Telefon 027 938 88 88, www.loetschental.ch

Der Langgletscher, ein Eisgewirr.

LÖTSCHENTALER HÖHENWEG

KEIN GEHEIMTIPP, ABER EINE ÜBERAUS AUSSICHTSREICHE HÖHENWANDERUNG. VOR ALLEM IM HERBST ZU EMPFEHLEN (POSTAUTO UND SEILBAHN VERKEHREN FAST BIS ENDE OKTOBER).

CHARAKTER Leichte Bergwanderung mit sanften Steigungen (T2)
WANDERZEIT Knapp 3 Std., in der Gegenrichtung 10 Min. kürzer
AUSGANGSPUNKT Fafleralp (1765 m)
ENDPUNKT Lauchernalp (1968 m)
ROUTE Vom grossen Parkplatz bei der Endstation der Postautolinie (mit Imbiss und öffentlicher Toilette) am Zeltplatz vorbei. Nach der eventuellen Einkehr im etwas abseits im Wald gelegenen Hotel Fafleralp zur gleichnamigen Siedlung. Von dort gewinnt der Weg zunächst etwas an Höhe, quert ein Tälchen und setzt sich nahezu waagrecht fort – durch teilweise steiles Gelände, aber ohne Schwierigkeiten – bis zum Schwarzsee (guter Pausenplatz). Weiterhin fast eben zur Tellialp mit beliebtem Bergbeizli. Durch Lärchenwald und über offene Wiesenhänge etwas ansteigend bis zum Weritzstafel, dem mit 2098 Metern höchsten Punkt der Wanderung. Unterhalb der Strasse bis Biel, in ein markantes Tal hinein und wieder hinaus zu den Ausläufern der Chalet-Siedlung Lauchernalp, von wo man in gut 5 Minuten die Bergstation der Seilbahn nach Wiler erreicht (unmittelbar daneben befindet sich ein Restaurant mit grosszügiger Terrasse).

LÖTSCHENPASS-HÜTTE

EINE MODERNE, FREUNDLICHE HÜTTE, FAMOS AUF EINEM WICHTIGEN PASS ZWISCHEN WALLIS UND BERNER OBERLAND GELEGEN UND VON BUNTER GEOLOGIE UMGEBEN.

CHARAKTER Recht einfache Bergwanderung (T2). Im Frühsommer ist oft mit Altschneefeldern zu rechnen, Informationen bei den Hüttenwarten.
WANDERZEIT Aufstieg 2¾ Std., Abstieg 2 Std.
AUSGANGS-/ENDPUNKT Bergstation Lauchernalp (1968 m)
ROUTE Von der Seilbahnstation an einem Sessellift entlang zum Stafel. Dort lässt man die Lauchernalp hinter sich und folgt dem Bergweg durch einen ersten Talkessel, dann durch einen zweiten und zuletzt etwas steiler zur Sattlegi, einem schwach ausgeprägten Übergang. Dahinter wird das Gelände eindeutig felsiger, aber nie ausgesetzt. Der Weg gewinnt zwischen den Felsblöcken nur noch langsam an Höhe. Eine gute halbe Stunde nach der Sattlegi erreicht man eine grasige Ebene mit kleinem Bergsee, dann zieht das deutliche Trassee über eine rötliche Steinlandschaft – den sogenannten Lötschberg – bis zum weiten Sattel zwischen Lötschental und Gasterental mit der auf 2690 Metern gelegenen Lötschenpasshütte (www.loetschenpass.ch).
VARIANTE Weitere Zustiege führen von Ferden und aus dem Gasterental zur Hütte, jeweils in rund 4 Std., was entsprechende Überschreitungen ermöglicht.

BIETSCHHORNHÜTTE

DIE SCHATTIGE IST EINDEUTIG DIE WILDERE UND EINSAMERE DER BEIDEN TALSEITEN. NUR GERADE ZWEI WEGE FÜHREN DORT HINAUF – ZU EINER KLEINEN, RUSTIKALEN BERGSTEIGERHÜTTE.

CHARAKTER Anspruchsvolle Bergwanderung, im Auf- und Abstieg ein paar exponierte Stellen, teilweise mit Fixseilen gesichert (T3)
WANDERZEIT Aufstieg 3 Std., Abstieg 2 Std.
AUSGANGSPUNKT Ried (1486 m)
ENDPUNKT Wiler (1419 m)
ROUTE Von Ried hinab zur Lonza. Nach der Brücke rechts zu den Birchmattä, wo der markierte Bergwanderweg zur Hütte ansetzt. Er führt angenehm durch den Wald hoch und zieht dabei eher nach rechts. Später verlässt man den Wald, nach einer Weile überwindet man auf einer Brücke den Nästbach. Am Fuss einer Steilflanke geht es nach rechts hinaus zu einer schönen Kuppe mit Sitzbank auf 2414 Metern. Der Hauptweg holt weiter nach Westen aus und quert eine felsdurchsetzte Steilflanke – Fixseile und Ketten sorgen für Sicherheit, etwas Kraxeln ist aber dennoch erforderlich. Anschliessend führt der Weg über einen Moränenkamm zur Hütte (2569 m, www.bietschhornhuette.ch). Im Abstieg folgt man zunächst der gleichen Route, um sie auf etwa 2000 Metern nach links zu verlassen. Rund eine Viertelstunde nach der Nästmatte bieten ein paar felsige Tritte etwas Abwechslung, dann zieht sich der Weg weiter bis zum unteren Waldrand, vis-à-vis von Wiler. Über Matten und auf einer massiven Brücke gelangt man schliesslich ins Dorf.

DAS MUSEUM

IST ÜBERALL

Pianspessa und Muggiasca,
zwei Alpen oberhalb Muggio.

VALLE DI MUGGIO

164

Die Strasse nach Scudellate folgt den Falten des Generoso.

EIN BERG

ZWISCHEN FJORDEN

E he die Tessiner Gebirgslandschaft ausläuft und in die riesige Weite der norditalienischen Ebene übergeht, bäumt sie sich ein letztes Mal richtig auf und bildet ein eigenständiges Massiv. Dessen höchster Gipfel, der Monte Generoso, überragt seine Umgebung um rund 1500 Meter – nur der Säntis steht in der Schweiz noch freier da. Selbst als die Alpen während der letzten Eiszeit unter dicken Gletschern lagen, blieb der Generoso weitgehend eisfrei, eine Insel mitten im Eismeer. Höhlenbären und Höhlenlöwen fanden hier Zuflucht, vor gut 50000 Jahren auch Neandertaler, später dann Steinböcke. Heute bevölkern rund 300 Gämsen und eine Herde wild lebender Haflingerpferde die teils felsig schroffen, teils grasigen Flanken.

Angesichts der einmaligen Lage in der Mitte des Alpenbogens gilt der Generoso als Ausflugsberg par excellence, seit 1890 führt eine Zahnradbahn auf die «Rigi der Südschweiz». Auch wir nutzen an diesem Morgen die bequeme Aufstiegshilfe, steigen beim modernen Bergrestaurant von Mario Botta aus und betreten die Dachterrasse. Dort sind alle aus dem Häuschen. Weder Wolken noch Dunst trüben an diesem Tag die Aussicht, die meisten Besucher lassen den Blick noch und noch in die Ferne schweifen und vergleichen das Gesehene mit den Panoramatafeln. Der grosszügige Rundblick umfasst zunächst verschiedene Arme des Lago di Lugano, die sich wie Fjorde zwischen grünen Hügeln ausbreiten. Dann weitere Seen, viele Dörfer, die Stadt Lugano, die Po-Ebene, bei guter Sicht das glänzende Dach des Mailänder Hauptbahnhofs. Am Horizont prangen der Monte Rosa, die Walliser Alpen, das Finsteraarhorn, fast alle Tessiner Berge, die Berninagruppe, die Grigna, in Süden ragt der Apennin aus dem Dunst. Und kaum jemand hat Augen für jenes Kleinod, das sich unmittelbar zu Füssen des Gipfels entfaltet: das Valle di Muggio.

HÖCHSTER PUNKT
Monte-Generoso-Südrücken, ca. 1660 m

TIEFSTER PUNKT
Ausgang der Gole della Breggia beim Punt da la Ciusa, 281 m

HAUPTFLUSS
Breggia

HAUPTBAUMARTEN
Buche, Kastanie, Eiche

SCHUTZGEBIETE
BLN-Landschaft Monte Generoso, Smaragd-Gebiet Monte Generoso, Parco delle Gole della Breggia, Landschaftsschutzgebiet Monte Generoso

SIEDLUNGEN
Caneggio, Bruzella, Cabbio, Muggio, Scudellate, Roncapiano, Casima, Monte, Campora

SCHÜTZENSWERTE ORTSBILDER
Campora, Monte, Casima, Cabbio, Muggio, Scudellate

DAUERHAFT BESIEDELT BIS ETWA
1100 m

TYPISCHE FAMILIENNAMEN
Arrigo, Barella, Bossi, Cereghetti, Clericetti, Codoni, Maggi, Ortelli, Piotti, Vanini

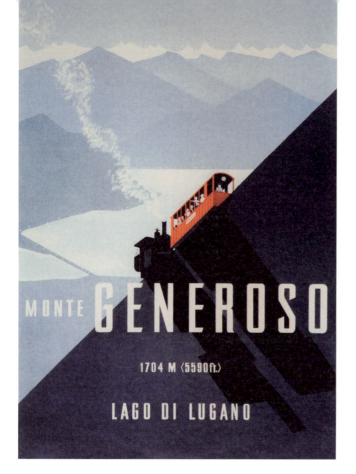

Seit 1890 führt eine Bahn von Capolago auf den Monte Generoso. Dieses **WERBEPLAKAT** aus dem Jahr 1939 vereint elegant die beiden Farben des Tessiner Kantonswappens und inszeniert die strenge Steilheit des Bergs als Kontrast zur offenen Hügellandschaft rund um den Luganersee. Am Horizont feine Gletscherspitzen und darüber ein wolkenloses Blau. Dass der Generoso nicht zu sehen ist, macht die Fahrt auf den Gipfel noch geheimnisvoller. Am europäischen Himmel zogen damals jedoch bereits dunkle Wolken auf, und mit dem Kriegsausbruch musste die Bahn den Betrieb einstellen. Es drohten die definitive Stilllegung und der Rückbau der Gleisanlagen, deren Eisen für militärische Zwecke gefragt war. Doch da rief der Tessiner Migros-Chef Charles Hochstrasser seinen obersten Vorgesetzten, Gottlieb Duttweiler, an und überzeugte ihn, die Ferrovia Monte Generoso zu übernehmen und so vor dem Niedergang zu retten. Das war 1941. Heute gehört die einzige Zahnradbahn des Tessins dem Migros-Genossenschafts-Bund. Selbst 130 Jahre nach dem Bau der Bahn bleibt der Generoso seltsam abgekoppelt von seinem Tal, und die wenigsten Gipfelbesucher wissen, dass die prächtige Landschaft zu ihren Füssen Valle di Muggio heisst.

«KEINEM THAL IN DER SCHWEIZ ÄHNLICH»

Dabei verdient das südlichste Tal der Schweiz weit mehr als einen Blick. Also verlassen wir den Rummel der Bergstation und machen uns auf den Weg. Überraschend schnell verschluckt uns die Stille. Zunächst folgen wir der Landesgrenze, dann geht es in der Falllinie hinab. Rechts ein Halbrund aus steilen Alpweiden, links Felsköpfe und Abbrüche. Bei der Alpe Nadigh machen wir eine Pause. Vor uns lauter Wälder.

Der Berner Patrizier Karl Viktor von Bonstetten – wir begegnen ihm auch im Kapitel zum Onsernone – zeigt sich nach einem Besuch im fernen 1796 entzückt. «Was dieses Thal ganz besonders auszeichnet, ist die nie aufhörende Fruchtbarkeit der hängenden Bergseiten.» Die Natur erscheint ihm «in sanfter Ruhe und in glücklichem Gleichgewicht», die ganze Landschaft «ein Abgrund ohne Fels mit

Blumen bedeckt und Bäumen geziert», ja die ganze Gegend «keinem Thal in der Schweiz ähnlich». Die schwärmerischen Schilderungen füllen fast zehn Seiten, denn «schwer ist's, ohne Rührung diese magischen Szenen der Natur zu schildern!». Sein Fazit: «Eines der schönsten Alpenthäler, das ich je gesehen.»

Bekanntlich besteht das Tessin vor allem aus Bäumen, ziemlich genau die Hälfte der Kantonsfläche steckt unter Wald – Graubünden, zum Vergleich, kommt auf 27 Prozent, Uri auf 20. Hier, im Valle di Muggio, sind es bäumige 80 Prozent. Eine grosse grüne Lunge. Daneben fällt die starke Verfaltung der Topografie auf. Aus allen Himmelsrichtungen stossen Tälchen hinzu. Allein beim Dorf Muggio sind es mindestens sechs. Wasser sieht man indes kaum, was aber nicht bloss an der flächendeckenden und blickdichten Waldbedeckung liegt. Denn auch aus der Nähe entpuppt sich fast alles, was ein Bach sein sollte, als Trockenrinne, bestenfalls als Rinnsal. Das vorherrschende Gestein sorgt dafür, dass die Niederschläge im Nullkommanichts versickern; statt nass sind die Bachbetten meist stark vermoost. Die schön runden Kieselsteine, die glatt polierten Felsen und die tief ausgefrästen Tobel zeugen allerdings von einer Kraft, die nach starken Regenfällen durchaus Spuren hinterlässt. Anders die Breggia, der Hauptfluss. Sie führt ganzjährig Wasser, nur bekommt man sie kaum je zu Gesicht, so stark hat sie sich in den Talboden eingefressen.

«Ein überraschend intaktes, kulturell wie naturräumlich vielfältiges und einzigartiges Landschaftsbild», so die Begründung der Stiftung Landschaftsschutz Schweiz, die 2014 das Tal zur Landschaft des Jahres kürte. Die Auszeichnung verhalf dem Valle di Muggio zu mehr Bekanntheit, insbesondere in der Deutschschweiz. Aber auch die einheimische Bevölkerung freute sich, und das fremde Lob machte ihr wieder einmal bewusst, wie wertvoll ihre eigene, für sie so alltägliche und selbstverständliche Natur überhaupt ist.

Fiore di Pietra, das Restaurant von Mario Botta auf dem Generoso, steht seit 2017 (gegenüber). Uralt sind hingegen die Wälder, wie jener von Castegna, zwischen Roncapiano und Muggiasca.

Brot wird in jedes Dorf
geliefert ...

... aber nicht jedes Haus ist
noch bewohnt. Muggio.

ERBONNE,
ODER DIE SCHWEIZ IN ITALIEN

Unsere Erkundung führt weiter, nach Scudellate. Die hinterste Siedlung des Valle di Muggio, ein kompakter Häuserhaufen, klebt am Steilhang. Unmittelbar dahinter endet die Schweiz. Die Landesgrenze folgt hier nicht der natürlichen Wasserscheide, der Oberlauf der Breggia liegt in Italien. Viele Bauern und Händler beidseits des Zauns verschafften sich einst mit dem Schmuggel einen Nebenverdienst, zahlreiche militärische Stellungen erinnern an die Zeiten des Ersten Weltkriegs.

Knapp auf der italienischen Seite befindet sich das Dorf Erbonne. Dessen Geschichte ist kurios und wohl einmalig. Im 15. Jahrhundert erwarben Leute aus Muggio sämtliches Land rund um die Siedlung. 1604 kam Erbonne offiziell zum Herzogtum Mailand. Privatrechtlich gehörte es aber weiterhin den Tessinern, die dank einem Vertrag von 1552 Steuerfreiheit genossen. Das führte dazu, dass sie während Jahrhunderten keine Abgaben an Italien zahlen mussten. Die italienischen Erbonnesi lieferten hingegen eine Zeit lang freiwillig Geld an den helvetischen Fiskus, als Dank für die Unterstützung, die sie von Scudellate und Muggio in schulischen, kirchlichen, ärztlichen und anderen Belangen bekamen. Selbst die Beerdigungen fanden ennet der Grenze statt. Dass zahlreiche Einwohner Doppelbürger waren – und bis heute sind –, machte die Sache nicht einfacher. Die fiskalische Sonderregelung für die Schweizer wurde jedenfalls nie rechtskräftig aufgehoben, für sie bleibt Erbonne eine Steueroase. Dafür bemerkte ein fleissiger Beamter der Provinz Como im Jahr 2000, dass die Tessiner, seit gut fünf Jahrhunderten ansässig, über keine Aufenthaltserlaubnis verfügten und damit gemäss EU-Recht illegal in Italien lebten. Die etwas peinliche Angelegenheit wurde dann relativ rasch mit einer unbefristeten Wohnsitzbewilligung für alle Beteiligten gelöst. Ob es in Sachen Besteuerung aber je zu einem definitiven Staatsvertrag kommen wird, ist mehr als fraglich, da es nur noch um ein paar Batzen geht: Das einst mehrere Hundert Seelen zählende Dorf, übrigens bildhübsch, ist auf sieben Menschen geschrumpft. Stand 2019, Tendenz sinkend.

EINSAM
UND VERLASSEN?

Scudellate, das hinterste Schweizer Dorf, ist nicht viel besser als Erbonne dran, mit nur noch etwa zwanzig Einwohnern. Und im nahen Roncapiano sind es vielleicht noch zehn. Wird man da nicht einsam, vor allem im Alter? Dieser Frage ging kürzlich eine Forschergruppe nach. Sie führte detaillierte Gespräche mit 121 Senioren im ganzen Valle di Muggio und wertete die Befragungen wissenschaftlich aus. Die 2019 publizierten Ergebnisse überraschen. Einsam sind demnach nicht die Einwohner der teils fast ausgestorben Siedlungen im hinteren Tal, sondern jene, die in den grösseren Ortschaften am Talausgang leben.

In Scudellate, Muggio oder Bruzella fehlen zwar moderne Angebote wie Begegnungszentren und soziale Einrichtungen. Dennoch fühlen sich die Leute im Grossen und Ganzen weder einsam noch verlassen oder abgehängt. Das Dorfleben funktioniert gut, niemand wird allein gelassen. Je abgeschiedener die Ortschaft, desto grösser das Gefühl der Zugehörigkeit und die Solidarität. «Chi passa entra», sagte eine interviewte Person: Wer vorbeigeht, kommt herein. Sogar über längere Distanzen hinweg wird aufeinander aufgepasst. «Ich schaue jeden Tag mit dem Feldstecher, ob sie die Fensterläden geöffnet hat, und falls nicht, würde mich das sofort beunruhigen.» Wenn eine Ambulanz Kurve um Kurve das Tal hochfährt, wissen sie es in Scudellate, noch bevor sie die Sirene hören. Jemand vom vorderen Talabschnitt hat meist schon angerufen und nachgefragt: «Ist es bei euch?»

«Die Einsamkeit müsst ihr nicht bei uns suchen, geht sie in Morbio suchen, wo sie unzählige Häuschen gebaut haben.» Tatsächlich fanden die Forscher im 700-Seelen-Dorf Morbio Superiore, am Talausgang und keine zehn Autominuten von den Städten Mendrisio und Chiasso entfernt, weit mehr Einsamkeit, ja sogar existenzielle Nöte. Morbio besteht weitgehend aus Ein- und Zweifamilienhäusern und kleinen Villen, alle hinter Hecken, eine typische Schlafgemeinde. «Wenn du hier rausgehst, begegnest du nicht mal einer Katze», so ein befragter Senior aus Morbio. Ein anderer: «Ich fühle mich dem Ort nicht verbunden, obwohl wir seit mehr als 200 Jahren hier sind.» Einer, der vom hinteren Tal zugezogen ist, «spürt die Kälte in diesem grossen Dorf». Und das alles trotz ausgebauter Infrastruktur und viel besseren Busverbindungen.

Da scheinen es die Alten in Scudellate und Umgebung eindeutig besser zu haben. Was ihnen aber Sorgen bereitet, ist die Zukunft: Viele befürchten, dass sich das soziale Netz allmählich auflösen könnte und dass der Zusammenhalt dann rasch schwinden wird.

AUSGEPRÄGTE BAUKULTUR

Auf einem Waldweg steigen wir allmählich in den eingeschnittenen Talboden ab. Eine Brücke über die Breggia ermöglicht uns endlich, den lichtscheuen Fluss zu erhaschen, dann bringt uns ein kurzer Gegenaufstieg nach Muggio. Sogleich fällt das Kirchlein von Tur auf, am Gegenhang, mit seiner sattgrünen Wiese, den charakteristischen Terrassierungen im Vordergrund und den Bauernhöfen in respektvollem Abstand. Das wohl bekannteste Fotomotiv des Tals sollte uns aber nicht abhalten, auch Muggio genauer zu beäugen. Es lohnt sich unbedingt, durch die Gassen zu schlendern – viele sind es nicht, aber mehr, als man annehmen könnte. Nirgendwo ist die Bausubstanz besser erhalten wie hier und im Nachbardorf Cabbio. An Muggio gefallen vor allem die gepflasterten, verwinkelten und teils überdachten Gassen, die abenteuerlich ineinander verschachtelten Wohnhäuser mit den nach und nach angebrachten Erweiterungen, der sparsame Umgang mit dem kostbaren Platz – man könnte von extremer Verdichtung sprechen – oder der grosse, überdachte Brunnen am nördlichen Dorfende.

Noch schöner ist der Brunnen von Cabbio, einer der bemerkenswertesten des Tessins, ein klassizistischer Bau mit vier Säulen. Überhaupt ist Cabbio erhabener, mit seinen stattlichen, reich verzierten Wohnhäusern aus dem 18. und 19. Jahrhundert, die vom Wohlstand zeugen, zu dem es mancher Ausgewanderte in der Ferne gebracht hatte. Sie kontrastieren auf reizvolle Art mit den weniger herausgeputzten Ecken des Dorfs, seinen Ställen, Scheunen und Schuppen.

Auch schön: Casima.

EIN TALWEITES MUSEUM

Bleiben wir noch eine Weile in Cabbio. Schon fast surreal wirkt die herrschaftliche Casa Cantoni, die frühere Residenz einer Architektendynastie. Einen solchen Palast würde man vielleicht in Genua oder Como erwarten, wo die Cantoni bedeutende Bauten schufen und zu Ansehen kamen. Aber in einem kleinen Bergbauerndorf? Heute befindet sich im restaurierten Palazzo der Sitz des Museo etnografico della Valle di Muggio. Schon nur die Dauer- und Wechselausstellungen sprengen das übliche Mass eines Regionalmuseums. Doch das ist nur ein winziger Teil dieser innovativen Institution, die 1980 aus der Taufe gehoben wurde. Die meisten Exponate stehen nämlich draussen, über das ganze Tal verteilt: ein Freilichtmuseum, aber keines wie etwa auf dem Ballenberg, wo Gebäude ausserhalb ihrer ursprünglichen Umgebung gezeigt und Objekte hors-sol inszeniert werden. Das Museo etnografico beruht vielmehr auf dem Grundgedanken des Ecomusée, einem um 1970 in Frankreich entwickelten Konzept, das die Natur- und Kulturschätze dort lässt, wo sie hingehören, also an ihrem angestammten Platz. Dort lassen sich die Natur- und Kulturgüter besser erforschen, präsentieren und vermitteln als in einer Vitrine, vielleicht nicht einmal in Originalgrösse. «Das Museum hat keine Besucher, sondern Bewohner.» Der Eintritt kostet keinen Rappen, den Rundgang muss man sich per pedes verdienen. Und für einen ausgedehnten Rundgang sollte man statt die üblichen zwei Museumsstunden rund eine Woche einplanen.

Aber was gibt es zu sehen? Vor allem traditionelle Anlagen aus dem Bereich der Landwirtschaft. Mulini (Mühlen), Nevère (Schneekeller), Graa (Kastanien-Dörrhäuser), Roccoli (Vogelfangtürme), Fontane e Cisterne (Brunnen und Zisternen), Bolle (Teiche zum Sammeln von Regenwasser), Carbonaie (Köhlerplätze), Ponti (Brücken) und Selve castanili (Kastanienhaine). Wer die Objekte im Gelände aufsucht und die Themen dann in der Ausstellung in Cabbio vertieft, erhält so ein sehr lebendiges Bild dieser faszinierenden Kulturtechniken.

Ein gutes Beispiel dafür ist die alte Mühle am Wanderweg von Cabbio nach Bruzella. Sie ist nicht nur restauriert worden, sondern macht seit 1996 wieder das, wofür sie eigentlich gebaut wurde: mahlen. Die Produktion beläuft sich auf fast 10 Tonnen Maismehl pro Jahr. Das Polentamehl gehört mittlerweile zum Sortiment vieler Lebensmittelgeschäfte im Tessin und lässt sich auch online bestellen, womit das Museum sogar zur lokalen Wertschöpfung beiträgt.

Roccolo bei Cabbio.

Casima, bis 2004 eigen-
ständige Gemeinde.

DER KLEINE
SPRACHGRABEN

I n Bruzella angelangt, blicken wir hinüber zu den malerisch gelegenen Dörfern Casima, Monte und Campora. Ein guter Anlass, um nochmals bei Bonstetten nachzulesen: «Alle die prächtigen Bäume, die allenthalben unter den Füssen und ob der Scheitel des Wanderers die Berge beschatten, alle Äcker, Wiesen, Reben und die in sechs Dorfschaften mahlerisch zusammen gruppirten Häuser scheinen überall wie in der Luft zu hängen.» Bleibt noch anzufügen, dass sich in den letzten Jahrzehnten zahlreiche Leute aus der Deutschschweiz in den drei kleinen Ortschaften niedergelassen haben. Noch hört man in den dortigen Gassen mehrheitlich Italienisch, doch der Anteil Zugezogener, die sich sprachlich nicht integriert haben, ist deutlich höher als diesseits der Breggia.

Je weiter man die Gole della Breggia hinabwandert,
desto jünger wird das Gestein.

DAS GROSSE DORFFEST

Unsere Erkundung geht weiter, nach Caneggio. Wir haben Glück, heute steigt die Sagra della Castagna. Das ganze Dorf ist für den Verkehr gesperrt und gehört einen Tag lang den Flanierern. Auf der Hauptstrasse, in den Gassen, Innenhöfen und Häusern präsentieren etwa fünfzig Standverkäufer ihre bunten, verlockenden und oft wohlriechenden Auslagen: Käsespezialitäten, für die das Valle di Muggio berühmt ist – Formaggini, Robiole, Büscion und Zincarlin –, daneben Wurstwaren, Kastanien in allen Formen, Bier und Spirituosen, Honig, Marmeladen und Sirups, Handwerk, Textilien, allesamt aus regionaler Produktion. Dazwischen spielen Musikgruppen, Blaskapellen und Singvereine auf. Auf dem Sagrato vor der Kirche stehen unzählige Festtische, Kastanien werden geröstet, Gnocchi di castagne con luganighetta zubereitet, Getränke ausgeschenkt. Die unzähligen Besucher stammen aus der Region, es wird viel gegrüsst, gelacht, Hände werden geschüttelt, Witze gerissen und Wangen geküsst, Touristen lassen sich kaum ausmachen.

Seit 1978 findet der Anlass abwechselnd in einem der Dörfer des Valle di Muggio statt. Im Tal ist es die grösste, aber nicht die einzige Sagra – so heissen im Tessin die ländlichen Volksfeste mit Marktständen, Festwirtschaft und Unterhaltung. Oft sind sie einem bestimmten Produkt gewidmet: Nebst der Sagra della Castagna existieren im Tessin etwa die Sagre del cinghiale, dell'uva, del pesciolino, del bue oder della costina … Da bleibt kein Magen leer, keine Kehle trocken und kein Herz kalt.

DURCH DIE VERGANGENHEIT

Wir verlassen Caneggio in Festlaune, um den untersten Abschnitt des Tals zu erforschen: die Gole della Breggia. Der Fluss hat hier eine Schlucht gebildet und Gesteine unterschiedlichster Zeitalter ans Tageslicht befördert. Im ersten Geopark der Schweiz, 2001 eröffnet, wandert man Schritt für Schritt durch 200 Jahrmillionen Erdgeschichte, alles fein säuberlich erläutert mit Informationstafeln. Und wer sich nicht näher für die Geologie interessiert, kann sich an den ästhetischen, bunten Felsformationen, der üppig grünen Vegetation und dem rauschenden Bach erfreuen. Es folgen die eindrückliche Ruine einer Zementfabrik – inklusive Lehrpfad – und nochmals ein lieblicher Flussabschnitt. Dann, plötzlich, ein trostloser Anblick, das pure Gegenteil des Valle di Muggio: die Gegenwartshässlichkeit der Shoppingcenter, Parkplätze und Autobahnzubringer von Balerna. Doch die Haltestelle ist nicht mehr weit, der Bus kommt in fünf Minuten.

WO, WIE, WAS?

Casa Cantoni in Cabbio.

ANREISE Zwei Postautolinien bedienen das Valle di Muggio: Linie 515 von Morbio Superiore auf der ostseitigen Talstrasse nach Muggio sowie Linie 521 von Castel San Pietro auf der westseitigen Strasse ebenfalls nach Muggio. Sowohl Castel San Pietro wie Morbio Superiore liegen an der Linie Mendrisio–Chiasso (Vorsicht in Morbio Superiore, der Bus nach Muggio fährt ab der anderen Seite des Kreisels). Ab Muggio verkehrt ein Kleinbus weiter nach Scudellate und Roncapiano.

BESONDERE ORTE Muggio und Cabbio | Die Alpen Nadigh und Génor am Generoso | Erbonne | Gole della Breggia | Der Sasso Gordona und seine Militärstellungen aus dem Ersten Weltkrieg (Teil der «Linea Cadorna»)

ANLÄSSE Jedes Dorf hat seine Sagra, zudem finden beim Mulino di Bruzella mehrere Feste statt (siehe www.mevm.ch) | Sagra dal furmagín in Bruzella (Juni/Juli) | Sagra della Castagna (Mitte Oktober, jedes Jahr in einem anderen Dorf) | Rassegna del piatto nostrano (Festival der einheimischen Gastronomie, im November/Dezember)

BESONDERE UNTERKÜNFTE B & B In Val in Cabbio | Osteria La Montanara in Monte | Osteria Ul Furmighin in Sagno

THEMENWEGE Zahlreiche virtuelle Themenwege des Museo etnografico della Valle di Muggio (www.mevm.ch > attività > itinerari) | Monte Generoso: Naturlehrpfad und Planetenweg | Im Parco delle Gole della Breggia: Percorso geologico, Percorso storico und Percorso del cemento (www.parcobreggia.ch)

EINKAUFEN Dorfladen in Caneggio und Muggio

WANDERFÜHRER Eine gute Karte mit thematischen Wandervorschlägen ist beim Museo etnografico erhältlich.

LESETIPP Gertrud Leutenegger, «Meduse», Suhrkamp 1988, nur antiquarisch erhältlich

INFORMATIONEN Organizzazione Turistica Regionale Mendrisiotto e Basso Ceresio in Mendrisio, Telefon 091 641 30 50, www.mendrisiottoturismo.ch | Hilfreich ist auch die Website des Museo etnografico della Valle di Muggio: www.mevm.ch

Muggio.

VOM MONTE GENEROSO HINUNTER

EINE ANNÄHERUNG VON OBEN: VOM BERÜHMTEN AUSFLUGSBERG UND BELVEDERE ZWISCHEN LUGANER- UND COMERSEE HINAB INS GRÜNE VALLE DI MUGGIO.

CHARAKTER Normale Bergwanderwege ohne nennenswerte Schwierigkeiten (T2)
WANDERZEIT 2 Std.
AUSGANGSPUNKT Stazione Generoso Vetta (1601 m)
ENDPUNKT Scudellate (907 m)
ROUTE Per Zahnradbahn an der Bergstation angelangt, kommt man nicht darum herum, dem nahen Gipfel des Monte Generoso mit seinem tatsächlich aussergewöhnlichen Panorama einen Besuch abzustatten. Zurück am Botta-Restaurant, folgt man dem Wanderweg ostwärts, am Rand der riesigen Wiesen der Generoso-Südflanke. Nach rund 20 Minuten sticht der Weg nach rechts hinunter, an Piana vorbei, und kommt an der Alpe Nadigh vorbei (interessante Bauten, darunter eine besuchbare Nevèra). Weiterhin aussichtsreich über den Rücken hinab, dann nach links zum kleinen Weiler Roncapiano. Von dort geht es schliesslich auf der kaum befahrenen Strasse nach Scudellate.
VARIANTE Von Scudellate Abstecher nach Erbonne (praktisch horizontal, hin und zurück rund 1 Std.).

RUND UM MUGGIO

EINE SCHLAUFE DURCH DIE MITTE DES TALS. ZU ENTDECKEN: SCHÖNE DÖRFER, BUNTE MISCHWÄLDER, ENGE TOBEL, EINE BRÜCKE HOCH ÜBER DER BREGGIA UND EINE ALTE MÜHLE.

CHARAKTER Östlich der Breggia breite Wege (T1), westseitig schmale Bergpfade durch teilweise steiles Gelände (T2)
WANDERZEIT 2½ Std.
AUSGANGS-/ENDPUNKT Muggio (649 m)
ROUTE In Muggio sieht man auf der gegenüberliegenden Talseite bereits das erste Etappenziel, den terrassierten Weiler Tur mit der Kapelle San Giovanni. Um dorthin zu gelangen, unterschreitet man die Hauptstrasse und folgt einem Nebensträsschen in zwei Schlaufen hinab zu einer Brücke über die Breggia. Ein kurzer Gegenanstieg führt nach Tur. An der Kapelle vorbei, bei einem Bauernhof geradeaus, beim nächsten Hof etwas undeutlich nach rechts hinab zu einem Bach. Der Weg quert nun die steile Waldflanke, führt durch zwei Tobel, schlängelt sich zu einer Lichtung mit Aussicht und bald darauf zum oberen Dorfrand von Casima. Dort zeigen die Markierungen leicht absteigend einmal quer durchs Dorf und wieder zurück zur Kirche. Der unteren Strasse folgend, dann über einige Wiesen und durch mehrere Zaungatter zu den untersten Gebäuden von Casima. Durch steilen Wald hinab zu einer kühnen Brücke über die Breggia, dann ebenso steil wieder hoch zu einem Fahrweg. Diesem folgt man nach links zum Mulino di Bruzella, der sich unmittelbar am Fluss befindet. Von dort bequem hinauf nach Cabbio und unterhalb der Hauptstrasse zurück nach Muggio. Beide Dörfer verdienen einen ausgedehnten Besuch.

AUF DEN PONCIONE DI CABBIO

KURZWEILIG DURCH ZWEI STILLE SEITENTÄLER – DAS VAL LUASCA UND DAS VAL DELLA CROTTA – UND AUF EINEN AUSSICHTSREICHEN GIPFEL MIT NAHER BERGHÜTTE.

CHARAKTER Einfache Bergwanderung (T2). Aufgrund der vielen Wege und Weglein lohnt sich die Mitnahme einer Karte.
WANDERZEIT Aufstieg 2 Std., Abstieg 1½ Std.
AUSGANGSPUNKT Muggio (649 m)
ENDPUNKT Cabbio (644 m)
ROUTE In Muggio durchs Dorf hinauf. Oberhalb der Kirche auf einem Strässchen nach rechts und ins Val Luasca einbiegen. An einer kompakten Häusergruppe vorbei, taucht man bald in den Wald ein. Auf teils schmalem, aber gutem Weg leicht ansteigend durch die steile Flanke. Man erreicht so einen Fahrweg und folgt ihm in einigen ausholenden Schlaufen zur Alpe Bonello. Dort zu einem ehemaligen Grenzwächterhaus, links an diesem vorbei (Barriere, Weiher) zum Passo Bonello und auf dem breiten, bewaldeten Grenzrücken zum Poncione di Cabbio (1263 m). Vom Gipfel führt ein deutlicher Pfad knapp links des Grats zum meist bewarteten Rifugio Prabello. Nun kurz hinab zum Schweizer Bergweg und auf diesem durch die Flanke, an Überbleibseln des Grenzzauns vorbei, zu einem markanten Sattel (1160 m). Der Weg verliert weiter an Höhe, traversiert oberhalb von Arla, kommt an mehreren Ruinen vorbei (Laorina, Batuela) und erreicht Vallera (829 m). Von dort auf teilweise gepflastertem Weg direkt nach Cabbio hinunter.

DIE VERSTECKTE ARCHE

Pròu, eine Weideterrasse
mitten im Onsernonetal.
Die Dörfer befinden sich eine
Stufe tiefer, vom Pizzo
Zucchero aus unsichtbar.

VALLE ONSERNONE

Der schattseitige Bosco della Comunella.

UNBEKANNT
UND WALDREICH

« Onsernone oder Osernone, gemeinhin auch Lusernone, Tal des Locarnese, selbst den Tessinern sehr wenig bekannt. Es öffnet sich zweieinhalb Stunden hinter Locarno, zwischen dem Valle Maggia im Norden und den Centovalli im Süden, und grenzt im Westen an sardisches Territorium. An seinem Eingang, unweit von Intragna, bildet es eine enge, von dichten Wäldern bedeckte Schlucht aus nacktem Fels. Nach einer kleinen Biegung erstreckt es sich von Osten nach Westen. Die senkrechten Felswände stehen sehr nahe zusammen, der Übergang von der einen zur anderen Talseite ist beschwerlich. Bewohnt ist nur die sonnseitige Flanke, also die nördliche.» So beginnt der Eintrag über das Onsernone im Standardwerk «La Svizzera Italiana» von 1840, verfasst vom Statistikpionier, ersten Bundesrat und ETH-Gründer Stefano Franscini. Nur kurz als Einschub, bevor es vergessen geht: Das Königreich Sardinien umfasste damals auch Savoyen und das Piemont, was die seltsame westliche Grenze erklärt.

Dass selbst Franscini, landeskundiger Tessiner, als allererstes Merkmal des Onsernone dessen weitgehende Unbekanntheit erwähnt, ist bezeichnend. Ein Befund, der nicht verwundert, da das Tal von aussen schlicht unsichtbar ist. Am ehesten kann man es vermuten, wenn man in Intragna steht, am Eingang zu den Centovalli, und nach Norden blickt. Dort, am Fuss eines breiten Einschnitts in der Bergflanke, läuft ein Fluss aus, der Isorno. Doch nichts lässt ahnen, dass sich dahinter ein Dutzend Dörfer verbirgt – und eine Landschaft, so weitläufig, dass gut ein Drittel des Kantons Schaffhausen darin Platz hätte. Obwohl bloss zwanzig Minuten von Locarno entfernt, liegt kein Haupttal des Tessins so versteckt, so fernab fremder Blicke.

Praktisch rundum abgeschottet durch Bergkreten, birgt das Onsernone im Innern eine üppige Natur, schöne Wälder, eine reiche Fauna und manche wilde Ecke, die kaum je besucht wird. Hier fand 1982 auf Initiative des einheimischen Wildhüters die erste Aktion zur Wiederansiedlung des Alpensteinbocks im Tessin statt. Neun Tiere aus Graubünden wurden damals eingebürgert, woraus sich eine prächtige Steinwildkolonie entwickelte – die südlichste des Kantons.

Während die flinken Kletterer felsiges Gelände benötigen, bevorzugen Bären weite Wälder ohne menschliche Störfaktoren. Um 1990 liess der WWF Schweiz einen Wildtierspezialisten abklären, wo man die Grossraubtiere in der Schweiz künstlich aussetzen könnte – heute unvorstellbar, doch in Naturschutzkreisen wollten damals viele nicht zuwarten, bis Bären von allein einwandern würden. Die Studie ermittelte zwei Regionen als ausreichend wild für solche Freisetzungen: nebst einem grenzüberschreitenden Gebiet im Jura, beim Grand Risoux, insbesondere die Landschaft Onsernone-Centovalli.

Via delle Vose.

Crana.

1992 erfolgte die Gründung des ersten Naturwaldreservats des Tessins, die Riserva forestale dell'Arena im Seitental Vergeletto. Nebst Weisstannen, Fichten, Lärchen und Buchen kommen auch Bergahorne, Bergulmen, Arven und weitere Arten vor, und zwar in allen Altersklassen, in sehr unterschiedlichen Waldgesellschaften und mit schön durchmischten Baumgruppen. Die Riserva wurde im Jahr 2000 erweitert, und wenig später folgte ein weiteres, wesentlich grösseres Waldschutzgebiet, nun im Haupttal – es umfasst rund die Hälfte der rechten Talseite. Beide gehören zur Kategorie jener Naturwaldreservate, bei denen nur minimale forstliche Eingriffe erlaubt sind, damit sich der Wald möglichst selbstständig und ungestört entwickeln kann.

Das Onsernone galt zudem als wichtiges Kerngebiet eines künftigen Parco Nazionale del Locarnese. Der Park sei die einzige konkrete Chance, das Tal vor der Abwanderung und dem sozioökonomischen Abschwung zu bewahren, und ein wichtiger Beitrag, um die Natur- und Kulturlandschaft zu erhalten. So hatte kurz vor der Abstimmung 2018 der Verein Pro Onsernone für eine Annahme geworben. Die Bevölkerung stimmte hauchdünn gegen das Projekt, so wie es die meisten anderen beteiligten Gemeinden taten – in der Summe waren etwa 48 Prozent der

Stimmenden dafür, was eben nicht ganz reichte. Damit ist das letzte Projekt für einen neuen Nationalpark in der Schweiz vorerst gescheitert. Dass die Region die landschaftlichen Qualitäten dafür gehabt hätte, bezweifelt indes niemand. Die Ablehnung darf auch nicht als pauschale Absage an die Natur verstanden werden: Anlässlich der letzten Nationalratswahlen, 2019, stimmten stolze 36,9 Prozent der Einwohner von Onsernone für die Grünen – mehr Zuspruch erhielt die Partei landesweit nur in Oltingen im Baselbiet.

EINE KÜHNE STRASSE

Bei einem topografisch derart abgeriegelten Gebiet ist die Anbindung an die Aussenwelt kein Spaziergang. Der einzige befahrbare Zugang führt von Süden her ins Tal. Konsequent allen Falten der Topografie folgend, führt die Strasse zunächst nach Auressio (616 m). Dort dreht sie nach links und durchzieht die ganze Flanke, durch sämtliche Tobel und Tälchen – wahrlich keine Strecke für Leute, die rasch reisekrank werden –, kommt alle paar Kilometer an einer Siedlung vorbei und endet knapp hinter Spruga (1113 m), der letzten ganzjährig bewohnten Ortschaft. Meistens verbaut die dichte Vegetation die Sicht nach unten und sorgt dafür, dass die Leere bloss ein Gefühl bleibt. Doch wo der Sichtschutz der Bäume fehlt, fällt der Blick linker Hand ins Bodenlose; den Isorno, den stark eingefressenen Fluss, bekommt man jedoch kaum je zu Gesicht, egal wie fest man sich über den Strassenrand beugt. Wichtiger ist ohnehin der konzentrierte Blick nach vorn, da sich von den Flanken und Böschungen gut und gern Steinbrocken lösen und auf die Fahrbahn stürzen. Manchmal bleiben sie bloss liegen und zwingen zu einem Ausweichen, manchmal hinterlassen sie ein Schlagloch. Entsprechend aufwendig gestalten sich Unterhalt und Sicherung der Verkehrsinfrastruktur. Auch Erdrutsche sind keine Seltenheit. Muss in solchen Fällen die Strasse gesperrt werden, lässt sich der Talabschnitt hinter der Sperre nur zu Fuss erreichen – oder, in Notfällen, per Helikopter. Deshalb verfügt jedes Dorf über einen eigenen kleinen Landeplatz.

Gefragt sind auf einer Autofahrt also in erster Linie Vorsicht, eine solide Kurventechnik, ein gutes Auge bei Kreuzungsmanövern und ein nicht allzu empfindlicher Magen. Weniger stark werden der Orientierungssinn und die Kunst des Kartenlesens gefordert: Auf der knapp halbstündigen Strecke von Auressio nach Spruga kommt man an einer einzigen Gabelung vorbei. Wer dort nach rechts

HÖCHSTER PUNKT
Pizzo di Madéi, 2551 m

TIEFSTER PUNKT
Ausmündung bei Intragna, 265 m

HAUPTFLÜSSE
Isorno, Ribo

HAUPTBAUMARTEN
Buche, Birke, Kastanie, Lärche, Tanne, Fichte

SCHUTZGEBIETE
Waldreservate Arena und Onsernone, Landschaftsschutzgebiete Gole Valle Onsernone und Val Vergeletto

SIEDLUNGEN
Auressio, **Loco**, Berzona, Seghellina, Mosogno, Russo, Crana, Vocaglia, Corbella, Comologno, Cappellino, Spruga, Gresso, Vergeletto

SCHÜTZENSWERTE ORTSBILDER
Auressio, Loco, Berzona, Mosogno di Sotto, Russo, Comologno, Gresso

DAUERHAFT BESIEDELT BIS ETWA
1450 m

TYPISCHE FAMILIENNAMEN
Buzzini, Candolfi, Gamboni, Garbani, Mordasini, Morgantini, Poncioni, Remonda, Schira, Terribilini, Tonacini

abzweigt, gelangt in ein Seitental, das Valle di Vergeletto – nochmals so gross wie das Haupttal, mit lediglich zwei Dörfern allerdings noch viel dünner besiedelt.

Im Grossen und Ganzen folgt die Strasse dem Trassee eines alten Saumwegs, der Mulattiera von 1771. In noch früheren Zeiten verlief der Zugang zum Onsernone hingegen über die andere Talseite, entlang der Via delle Vose. Sie führte von Intragna hinauf zum Dorf Pila, querte auf halber Höhe hinein zu den Weilern Vosa und Vosa di Dentro, stach dann in die Schlucht des Isorno und schraubte sich nach dem Ponte di Niva hinauf nach Loco. Die Lebensader für das ganze Tal war eigentlich als Saumweg ausgebaut, man nannte sie gar Strada. Doch da sich nur die wenigsten ein Transporttier oder dessen Ausleihe leisten konnten, wanderten die Waren vor allem auf den Rücken von Frauen und Männern hinaus und hinein. Trotz mancher bösen Stelle wurde der Pfad auch nachts, während Unwetter oder bei knietiefem Schnee begangen. Die vielen Kapellen am Wegrand, meist aus dem 17. bis 19. Jahrhundert, dienten nicht bloss dem Bittgebet vor einer schwierigen Passage oder der Danksagung danach. Mit ihren gedeckten Vorbauten boten sie auch Schutz, sei es vor strömendem Regen oder sengender Sonne. Und manches Kreuz erinnert daran, dass nicht alle die Strecke heil überstanden. Manchmal regen sie zum Nachdenken an. Wie das kleine Eisenkreuz für Bartolomeo Maggini, der gemäss Inschrift im Oktober 1822 «anegato», also ertrunken sei. Ob ihn ein angeschwollener Bach ersäuft hat? Eine schauderhafte Vorstellung. – Prächtig angelegt, über weite Strecken bestens erhalten und schön schattig, gehört die Via delle Vose heute zu den beliebtesten Wanderungen im Onsernone.

Eine eher untergeordnete Rolle besassen zwei weitere traditionelle Verbindungswege, jene von Mosogno über Comino in die Centovalli sowie der Passo della Garina von Loco ins Valle Maggia. Beide Übergänge liegen auf gut 1000 Meter Höhe und waren nur teilweise ausgebaut. Auch dort wechselten Waren und Personen von einem Tal ins andere. Da die Onsernonesi aber mehr oder weniger die gleichen Güter im Angebot hatten und die gleichen benötigten wie die Leute aus den Centovalli und dem Valle Maggia, blieb der Handel eher bescheiden. Dafür soll sich mancher Mann aus Moghegno über den Passo della Garina hinweg eine hübsche Onsernoneserin geangelt haben.

Alles in allem eine Sackgasse. Oder doch nicht ganz? Seit vielen Jahrhunderten wird der hintere, unbewohnte Talabschnitt von Bauern aus dem italienischen Val Vigezzo genutzt. Alljährlich im Sommer steigen sie mit ihrem Vieh über die Kreten, um die Alpen diesseits der Wasserscheide zu beweiden und zu pflegen. Immer wieder kam es deswegen zu Streitigkeiten, bis 1807 ein Staatsabkommen die Grenzfrage abschliessend klärte. Dabei verlor die Eidgenossenschaft ihre Hoheit über das oberste Drittel des Onsernone an Italien. Was rein verkehrstechnisch als Sackgasse daherkommt, ist seit zwei Jahrhunderten also ganz offiziell eine länderübergreifende Region, mit zwei Füssen im Tessin und einem im Piemont.

Zahlreiche Kletterrouten durchziehen die Felsen hinter Berzona. Eine davon heisst Max Frisch.

Das Onsernonetal von Osten.
Vorne rechts Auressio und
Loco, weit hinten Comologno
und Spruga, dann der italienische Talschluss.

STROHFLECHTERINNEN aus Comologno und Spruga beim diens-
täglichen Markt in Loco in einer Aufnahme von 1906. Während
Jahrhunderten bildete die Strohmanufaktur das wirtschaftliche
Rückgrat des Onsernonetals. Der Anbau von Roggen, die Gewinnung
des Strohs und dessen aufwendige Verarbeitung prägten sowohl
die Landschaft wie das soziale und kulturelle Leben – und sie
verschafften den Einwohnern einen gewissen Wohlstand, da sie
es schafften, die ganze Wertschöpfungskette bis zum Verkauf
in den eigenen Händen zu behalten. Endprodukte wie Hüte,
Taschen und andere Alltagsgegenstände fanden auf in- und aus-
ländischen Märkten bis nach Amerika guten Absatz. Doch zum
Zeitpunkt dieser Aufnahme befand sich die Strohwirtschaft bereits
auf dem Rückzug, bedrängt durch weniger peripher gelegene
Regionen, die das Gewerbe stärker industrialisieren konnten.
Das Onsernonetal, das die landwirtschaftliche Selbstversorgung
zugunsten der Strohflechterei vernachlässigt hatte und stark
auf auswärtige Lebensmittel angewiesen war, geriet in Schwierigkeiten. Immer mehr Einheimische wanderten aus, sei es saisonal
oder dauerhaft, andere suchten sich eine Arbeit im Locarnese und
pendelten wochen- oder tageweise. Und aus der Strohverarbeitung
wurde zunehmend ein Nebenerwerb mit folkloristischen Zügen.

REVOLUZZER,
KÜNSTLER UND AUSSTEIGER

Das Prädikat «länderübergreifend» passt auch sonst zum Onsernone. Da
die beiden traditionellen Haupterwerbe, die landwirtschaftliche Selbstversorgung und die exportorientierte Strohflechterei, kein ausreichen-
des Auskommen ermöglichten, wanderten einst viele Leute aus. Nebst
Italien waren die Westschweiz, Frankreich und Flandern wichtige Zentren der Emigration. Vor allem vom revolutionären Frankreich kamen sie mit
antiautoritären Ideen zurück. Jakobinisch gesinnt, misstrauten sie sowohl der
Obrigkeit des helvetischen Ancien Régime – ihr Tal war damals eine Vogtei der
Deutschschweiz – wie den kirchlichen Institutionen. «Der Einfluss der französischen Revolution hat die Moralität der Onsernoner vollends verdorben», ver-
merkte 1796 der Berner Aristokrat Karl Viktor von Bonstetten, der als Inspektor

die Tessiner Vogteien amtlich besuchte. Obwohl durchaus aufgeschlossen, ahnte er nicht, dass die von ihm vertretene Alte Ordnung bald auf dem Scheiterhaufen der Geschichte landen sollte – ausgerechnet auf Druck von Napoleon. 1803 wurde aus dem Untertanengebiet Tessin ein freier Schweizer Kanton.

Aufmüpfig, rot und bodenständig zugleich: Die Onsernonesi passten in keine Schublade. Bellinzona war weit weg, Bern erst recht. Als 1871 Michail Bakunin in Mosogno ein Einbürgerungsgesuch stellte, stimmten die Einwohner zu. Es war dann die Kantonsregierung, die opponierte und dem berühmten Anarchisten den Schweizer Pass verweigerte.

Lang ist die Liste jener Menschen, die hier Zuflucht suchten, oder Inspiration, oder auch beides. Ihnen widmete das regionale Museum kürzlich eine umfassende Forschungsarbeit unter dem sinnigen Titel «L'Arca d'Onsernone». Unter denen, die einen Platz in der Arche fanden, waren Vertriebene, Verfolgte, Flüchtlinge, Partisanen, Outlaws. Und manche illustre Persönlichkeit.

In der Zeit zwischen den beiden Weltkriegen beispielsweise erwarb das begüterte Ehepaar Aline Valangin und Wladimir Rosenbaum – sie Schriftstellerin und Psychoanalytikerin, er Anwalt und Antifaschist – in Comologno ein feudales Anwesen, den Palazzo della Barca. Fortan luden sie unzählige Intellektuelle zu sich ein. Zur Gästeschar zählten Ignazio Silone, Kurt Tucholsky, Meret Oppenheim,

Steine über Steine
am Salmone.

Steinmauern und
Steindächer: Berzona.

Hans Arp, Sophie Taeuber-Arp, Carl Gustav Jung, Elias Canetti oder Max Bill. Einen Austausch mit den Einheimischen suchten sie nicht.

Nach dem Zweiten Weltkrieg siedelten sich weitere Berühmtheiten an, manche vorübergehend, andere bis ans Lebensende. Allein in Berzona waren es Jan Tschichold, ein grosser Erneuerer der Typografie, sowie die Schriftsteller Alfred Andersch und Golo Mann. 1964 kaufte sich auch Max Frisch ein Haus in Berzona und machte es zu seinem Hauptwohnsitz. Der schon damals weltberühmte Autor pflegte allerdings einen distanzierten Umgang mit der Talbevölkerung und genoss im kleinen Dorf das «Gefühl der Unzugehörigkeit». Einige Jahrzehnte später bekannte er in einem Interview etwas ernüchtert: «Hier bin ich ein Fremder. Ich habe auch nie Anstrengungen gemacht, mich hier zu engagieren. Ich habe keine Kontakte. Hier bin ich Schweizer, aber ich bin nicht Tessiner. Ich lebe in einem seltsam neutralen Raum. Zur Italianità des Tessins trage ich nichts bei. Um die Wahrheit zu sagen, in einem Land wohnen und nicht an dessen Leben teilnehmen, entspricht nicht meiner Ideologie, es ist wie das Leben eines Engländers in Indien.»

Dabei waren die Einheimischen alles andere als hinterwäldlerisch oder gar reaktionär. Als 1959 die Schweizer an die Urne gerufen wurden, um über das Frauenstimmrecht zu befinden, schmetterten landesweit zwei Drittel der Männer das Begehren ab. Im Tessin war ein einziger Wahlkreis dafür: das Onsernone. In Mosogno votierten acht der insgesamt zehn Männer, die an der Abstimmung teilnahmen, für ihre Frauen. Und als 1971 die gleiche Frage zur Abstimmung kam, betrug der Ja-Anteil in Comologno satte 97,2 Prozent – deutlich mehr als im progressiven Zürich von Max Frisch.

Ab den 1970ern kam eine neue Welle von Auswärtigen, jene der Aussteiger. Deutschschweizer, oft Städter aus gutem Hause, die ihrer Heimat den Rücken kehrten und im Süden ein neues Paradies suchten. Sie träumten vom Leben in der Kommune, von selbst verwalteter Landwirtschaft, lehnten den Materialismus ab. Capelloni, die Langhaarigen, nannte man sie im Tal, oder Neururali, die Neubauern. In der Regel übernahmen sie aufgegebene Bauernhöfe und halfen so, die Kulturlandschaft zu erhalten. Von den insgesamt etwa 200 Deutschschweizern haben viele längst aufgegeben; jene, die geblieben sind, stehen nun im Pensionsalter, haben manchmal auch Dialekt gelernt und tragen zum Dorfleben bei.

Nicht, dass die Onsernonesi allen Ankömmlingen der letzten hundert Jahre den roten Teppich ausgerollt hätten. Aber sie fragten nicht nach, und sie liessen die Zuzüger gewähren. Vielleicht ist das Tal doch nicht so abgeschottet.

Stein zu Stein, nochmals am Salmone.

WO, WIE, WAS?

Corte Nuovo zwischen
Onsernone und Centovalli.

ANREISE Mit dem Postauto von Locarno via Losone und Intragna. Die Onsernone-Linie fährt bis ins hinterste Dorf Spruga; in Russo besteht zeitweise ein Anschluss ins Seitental nach Vergeletto und Gresso.

BESONDERE ORTE Die Ortskerne von Comologno und Gresso | Museo Onsernonese in Loco (www.museonsernonese.ch) | Der Isorno (den man nur an wenigen Stellen erreichen kann, zum Beispiel knapp westlich des Ponte Nuovo unterhalb Mosogno, etwas Kraxeln nötig) | Die verlassenen Bagni di Craveggia, hinter Spruga knapp auf italienischem Territorium | Das Rifugio Corte Nuovo am Pizzo Ruscada | Das Valle della Camana nördlich von Zardin (Vergeletto)

ANLÄSSE Festa in Piazza a Berzona (Juli) | Maccheronata in Piazza a Gresso (Juli) | Polentada a Comologno (1. August) | Festa della Farina Bóna in Loco (Anfang September)

BESONDERE UNTERKÜNFTE Backpacker-Hotel Villa Edera in Auressio | Palazzo Gamboni in Comologno (derzeit geschlossen, Stand 2020) | Gruppenherbergen in Loco und Vergeletto | Capanna Alpe Salei | Rifugio Corte Nuovo

THEMENWEG «Auf den Spuren des Herrn Geiser», zwischen Berzona und Loco

EINKAUFEN Dorfladen in Loco, Russo, Spruga und Vergeletto | Bäckerei an der Hauptstrasse unterhalb Berzona

LESETIPPS Max Frisch, «Der Mensch erscheint im Holozän», Suhrkamp 1979 | Mehrere Bücher von Aline Valangin wie «Tessiner Erzählungen», «Stella», «Die Bargada» oder «Dorf an der Grenze», im Limmatverlag erschienen

INFORMATIONEN Info Point Valle Onsernone, bei der Postautohaltestelle in Auressio, Telefon 091 797 10 00, www.onsernone.ch und www.ascona-locarno.com

Passo della Garina.

190

VIA DELLE VOSE

DIE EINSTIGE LEBENSADER DES TALS.
BESONDERS SEHENSWERT:
DIE HISTORISCHEN WEGABSCHNITTE,
DIE BILDSTÖCKE UND KAPELLEN.
SCHÖN SCHATTIG.

CHARAKTER Der Weg ist breit und wo nötig mit Geländern versehen, nach Regenfällen aber stellenweise rutschig (T1/T2).
WANDERZEIT 2½ Std.
AUSGANGSPUNKT Intragna (339 m)
ENDPUNKT Loco (678 m)
ROUTE Vom Bahnhof Intragna durch die Gassen des alten Dorfkerns in angenehmer Steigung nach Pila, das auch mit einer Kleinseilbahn erreicht werden kann. Oberhalb des Weilers, nach der stattlichen ehemaligen Schule, gelangt man zu einem überdachten Bildstock. Links ginge es nach Calascio, die Via delle Vose hingegen führt geradeaus, ab nun für eine Weile fast waagrecht. Nach einem markanten Taleinschnitt tauchen die Häuser von Torsedo auf, später die Kapelle Madonna del Buon Consiglio und gleich darauf die Siedlung Vosa. Nun langsam absteigend nach Vosa di Dentro, mit schöner Aussicht nach Auressio. Es folgt der eindrücklichste Abschnitt der ganzen Route: Das Gelände wird zunehmend steil, der Weg windet sich durch abschüssige Tälchen – ohne je gefährlich oder unangenehm zu werden. Am Ende des Abstiegs führt ein Holzsteg über den Isorno, dann fehlt bloss noch der dreiviertelstündige Aufstieg an Niva und Rossa vorbei nach Loco. Unterwegs weisen Informationstafeln auf einige Objekte und Sehenswürdigkeiten hin.

SALMONE

DER ÖSTLICHSTE GIPFEL DES TALS,
BEREITS HALB IM VALLE MAGGIA,
GILT ZU RECHT ALS BELIEBTES WANDERZIEL. VIEL NATUR SÄUMT DEN WEG
VON AURESSIO NACH BERZONA.

CHARAKTER Bergwanderwege. Vereinzelt ist das Trassee etwas ruppig oder undeutlich, aber nirgends ausgesetzt (T2/T3).
WANDERZEIT 5½ Std.
AUSGANGSPUNKT Auressio (616 m)
ENDPUNKT Berzona (711 m)
ROUTE In Auressio hinauf zur schön gelegenen Kirche. Gleich dahinter die Flanke hoch, in einem Mix aus Wald und Lichtungen. Etwas oberhalb einer Häusergruppe zieht der Weg nach links zum Westrücken des Salmone hinauf. An mehreren Monti vorbei, später durch dichten Wald zu einer weiten Wiese mit verfallenen Ställen auf rund 1450 Metern. Am Rand der Lichtung links hoch zum Gipfelgrat und auf diesem zum Salmone (1560 m). Auf dem Grat nordwestwärts zum Pizen, wo ein kunstvoller Steinplattenweg in einigen Schlaufen über eine Felspartie hinweghilft. Noch etwas weiter auf dem Grat, um später in Kehren nach links abzusteigen. Es folgt ein Abschnitt durch ruppigen Wald, an den Lichtungen von Forcola und Legunc vorbei, ehe man etwas steiler zum Passo della Garina gelangt. Auf der rechten Talseite hinaus und durch eine teils felsige Flanke zur Sella. Nun wieder etwas steiler talwärts, später über zwei Bäche und über einen Sattel mit Kapelle nach Berzona. Die Postautohaltestelle befindet sich nicht im Dorf, sondern 10 Minuten weiter unten, an der Hauptstrasse.

MONTE ZUCCHERO UND PILONE

ALPINE MATTEN, EIN STILLER BERGSEE,
LÄRCHENWÄLDER UND ZWEI PRÄCHTIGE
AUSSICHTSKANZELN ZWISCHEN
ONSERNONE UND VERGELETTO.
UND EIN ABSTIEG DURCH MAIENSÄSSE.

CHARAKTER Gute Bergwanderwege, am Pilone kurze Passagen über einfache Blockfelder (T2)
WANDERZEIT 4½ Std.
AUSGANGSPUNKT Seilbahn Salei (1770 m)
ENDPUNKT Spruga (1113 m)
ROUTE Dank Seilbahn lassen sich vom hintersten Valle di Vergeletto aus ganze 800 Höhenmeter sparen, die Wanderung beginnt somit bereits auf dem Grat der Alpe Salei. Zuerst lohnt sich ein Abstecher ostwärts zum Pizzo Zucchero (1899 m), einem prominent gelegenen Gipfel mit grosszügigem Rundblick. Zurück zur Seilbahnstation und in 5 Minuten zur bewarteten Capanna Salei (www.alpesalei.ch, gute Küche, Übernachtungsmöglichkeit). Von dort führt ein bequemer Weg über alpine Weiden zum Laghetto dei Salei, dann zum Passo del Bùsan. Nun durch die Südflanke quer ansteigend zu einem weiteren Sattel und über den Grat zur kahlen Kuppe des Pilone, auch Cima Pian del Bozzo genannt (2192 m), an der Grenze zu Italien. Auf gleichem Weg zurück zum Passo del Bùsan, nach rechts und durch die Flanke des Munzzelümm südwärts. Man gelangt so zur Alpe Pesced und durch Lärchenwald zum Maiensäss Pian Secco. Von dort an einigen kleinen Weilern vorbei nach Spruga, dem hintersten Dorf des Onsernone.

BEI DEN WALSERN

Ober Camana.

SAFIENTAL

Bei Tenna, Blick ins Tal.

EINE FAHRT
INS GRÜNE

Bereits die Anreise erweist sich als Erlebnis. Nach Bonaduz führt die Strasse vorerst unscheinbar durch eine Waldpartie, doch hinter einer Linkskurve schlägt die Landschaft plötzlich um. Vor uns türmt sich eine steile Flanke auf, eine Mischung aus brüchigem Fels und schuttigen Rinnen. Das schmale Teerband schlängelt sich hoch über der Schlucht des Vorderrheins durch den Hang, an den steinschlägigsten Stellen durch eine kurze Galerie geschützt: bei gutem Wetter ein Spektakel erster Güte, nach Starkniederschlägen oder Schneefall fast eine Mutprobe. Dann leitet ein Tunnel ins ebenso abschüssige Versamer Tobel. Weit unten, kaum sichtbar, zieht die Rabiusa in ausholenden Schlaufen durch die Talsohle. Schwierig zu glauben, dass der gemächliche Fluss einen solchen Abgrund ausgefräst haben soll. Doch Rabiusa heisst «die Wütende» – der Wildbach kann also auch anders.

Bald darauf überspannt eine luftige Brücke das Tobel, die Reise geht auf der gegenüberliegenden Seite weiter taleinwärts. Einen Mittelstreifen, der nachts oder bei Nebel helfen könnte, sucht man vergeblich. Und über weite Strecken ist die Fahrbahn schlicht zu schmal für Kreuzungsmanöver. Befindet man sich nicht gerade in der Nähe einer Ausweichnische, bleibt dann nur das Einlegen des Rückwärtsgangs. Auch sonst verlangt die Fahrt Konzentration: Obwohl oft Arbeiter und schwere Maschinen am Strassenrand stehen, damit beschäftigt, die Schäden von Lawinen, Rutschungen und Felsschlag zu reparieren, präsentiert sich der lädierte Teerbelag – besonders nach Safien Platz – aufgeplatzt, voller Schlaglöcher und tiefer Risse.

Bis heute ist der Zugang zum Safiental eine Baustelle. Dass die Strasse unter den Kräften der Erosion und der Witterung leidet, liegt primär am instabilen Gestein. Das zeigt sich nicht nur an den kleineren oder grösseren Felspaketen, die regelmässig auf die Fahrbahn stürzen. Vor allem haben sich im weichen Bündnerschiefer zahlreiche Gräben gebildet, die wie riesige Trichter das Wasser und den Schutt sammeln und in die Tiefe befördern – meist langsam, manchmal aber eben ungestüm und in rohen Mengen. Allein in der Landeskarte sind gegen vierzig Tobel namentlich erwähnt, vom Acla- bis zum Zusatobel. «Wildes, enges, unwegsames, meist von einem Bach durchflossenes Tal mit steilen Hängen, Schlucht, tiefer Einschnitt, Rinne in einem Hang», so das schweizerdeutsche Wörterbuch zum Begriff Tobel. Das besonders gefürchtete Aclatobel hat 1994 einen 1,7 Kilometer langen Umgehungstunnel erhalten. Immerhin.

Wir fahren weiter. Während die Talseite zur Linken schroff, abweisend und unbewohnt bleibt, werden die Tobel diesseits der Rabiusa sanfter, die dichten Fichtenwälder lehnen sich zurück und lassen Platz für Kultur- und Weideland. Entlang der Strasse tauchen ab und zu ein paar Häuser auf, dann ist wieder eine

Der um 1835 geborene **JOSUA ZINSLI VON SAFIEN PLATZ**, auch «Urneni-Säumer» genannt, war der letzte Säumer am Glaspass. Diese undatierte Aufnahme zeigt ihn vor 1880. Sein Blick, seine Haltung und die gepflegte Kleidung vermitteln den Eindruck eines Menschen, der eine wichtige Tätigkeit mit Würde, Stolz und Gelassenheit ausübte und dem man Hab und Gut blind anvertrauen konnte. Wie schon sein Vater transportierte er mit seinem Pferd ganzjährig Waren zwischen dem Safiental und Thusis – über die «Stägä», wie der Glaspass damals hiess. Die ovalen Fässer, sogenannte Lägelen, kamen bei flüssigen und losen Gütern wie Wein, Schotte, Salz oder Getreide zum Einsatz. Mit dem Bau der Talstrasse im Jahr 1885 verlor der Warenhandel über den Glaspass rasch an Bedeutung und mit ihm die uralte Tradition der Säumerei.

Einfache Holzbauten prägen die Safier Landschaft, ob auf den Blumenmatten von Camana oder auf dem Geländerücken des Chüabärg.

Weile nichts, oder Wald, dann die nächste Siedlung. Ohne sichtbares Ende zieht sich die Landschaft in die Länge. Da und dort eine Abzweigung zu höher gelegenen Weilern und Maiensässen. Die Fahrt ist abwechslungsreich, sie wird immer beschaulicher. Und wartet schliesslich mit einer Überraschung auf. Denn das Safiental präsentiert sich dort am weitesten und hellsten, wo man es bei einem typischen Bergtal am wenigsten erwarten würde: zuhinterst.

SIE KAMEN VON SÜDEN

Erbaut wurde die Strasse um 1885, und seither richten sich die Safier nach Norden, zum Talausgang hin – so, wie das Wasser fliesst. Das war früher anders: Während fast sechs Jahrhunderten orientierten sich die Talbewohner nach Süden, Osten und Westen. Das Vorderrheintal war damals weit weg, jenseits des gefährlichen Aclatobels.

Von Süden her waren sie einst auch gekommen, als Walser aus dem Rheinwald. Die Walser stammten ursprünglich aus dem Oberwallis und begannen um 1200 in benachbarte Regionen auszuwandern. Weshalb, ist nicht restlos geklärt; einige Historiker vermuten eine Überbevölkerung im oberen Rhonetal als mögliche Ursache. Meist gründeten die Walser Kolonien an hoch gelegenen Orten, die bis dahin kaum genutzt und auch nicht dauerhaft bewohnt waren, im Bereich der Waldgrenzen und Hochweiden. Manche Kolonie bildete ihrerseits neue Ableger, indem mehrere Familien gemeinsam weiterzogen zu einem neuen Standort. So errichteten die Walser aus dem Val Formazza um 1240 das Dorf Bosco/Gurin im Tessin und wanderten eine Generation später, um 1270, noch viel weiter, durch das Maggiatal, Locarno, Bellinzona und über den San Bernardino bis ins Rheinwald, wo sie praktisch im Niemandsland eine Siedlung aufbauten – mit Hinterrhein als deren Zentrum.

Bald darauf, um 1300, machten sich diese Walser erneut auf, um in kurzer Zeit vom Rheinwald aus drei weitere Talschaften zu besiedeln: jene von Vals, das Avers und das Safiental. Im Safiental liessen sie sich naturgemäss zuerst im oberen Talabschnitt nieder, rund um das Tall (das heutige Thalkirch). Erst nach und nach drangen sie nach Camana, Safien Platz, Zalön, Neukirch und Tenna vor, und irgendwann vermutlich auch nach Versam und Valendas.

Dank Viehhaltung und etwas Ackerbau konnten sie sich weitgehend selbst ernähren. Ganz ohne Austausch und Kontakte nach aussen ging es aber natürlich nicht. Wegen der gefährlichen Schluchten beim Talausgang kam der logische Weg nach Norden nicht in Frage. Blieben also die Bergpässe. Zwei davon, der Safierberg und der Glaspass, entwickelten sich schon früh zu richtigen Verkehrsadern. Zuerst der Safier- oder Löchliberg. Er stellte die Verbindung zur Stammkolonie im Rheinwald her, zu der die Safier enge familiäre Bande pflegten. Relativ häufig waren die Eheschliessungen über den Berg hinweg, vor allem die Wegheiraten – vornehmlich durch Frauen, die ihr Leben nach Splügen verlegten, um dort eine Familie zu gründen. Es war wohl ein reges Kommen und Gehen und Handeln und Schultern und Säumen; und jeweils im Herbst wanderten die Safier mit ihren

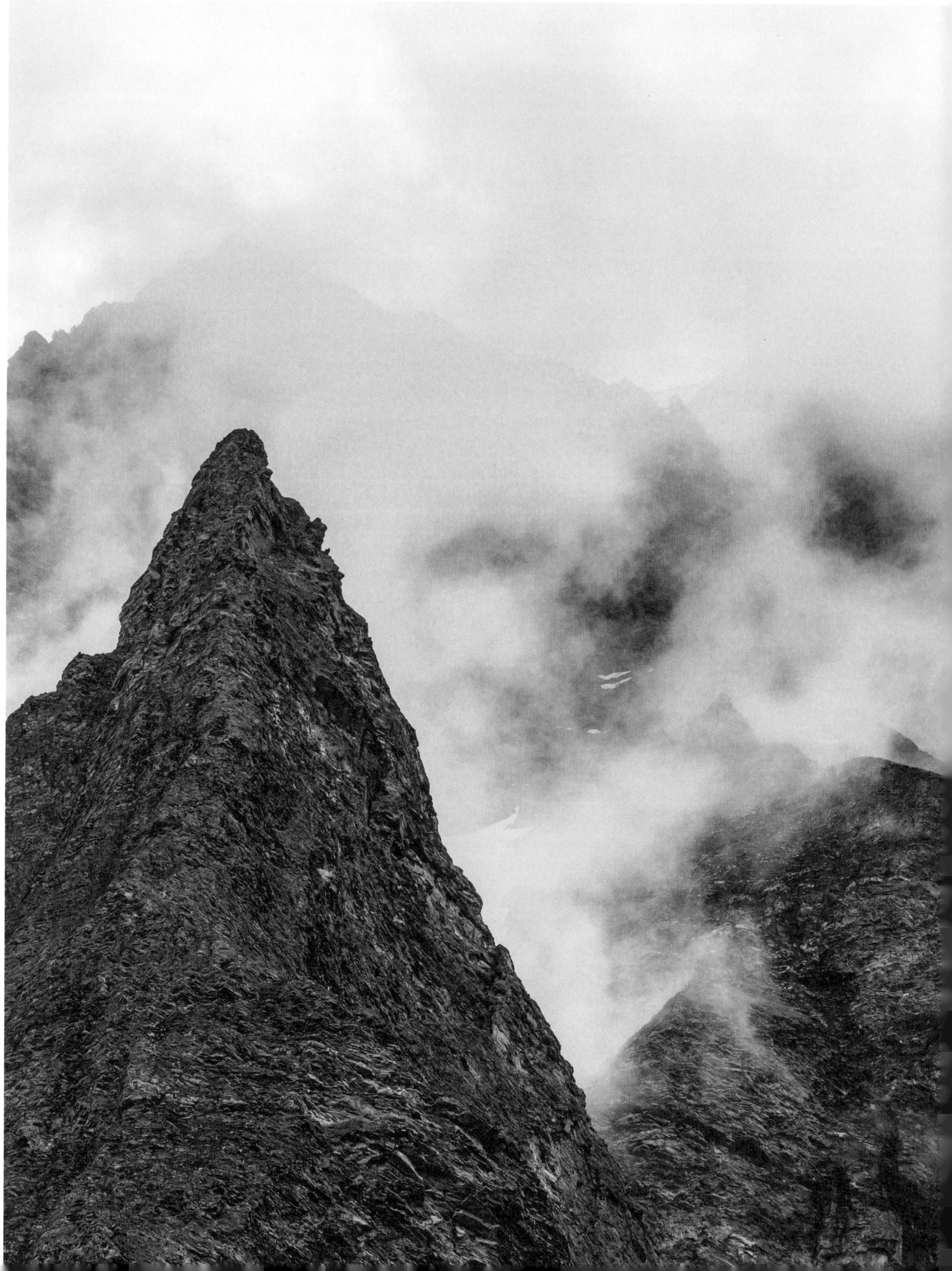

Eine Felsnadel ob Thalkirch, eine Heuwiese bei Neukirch.
Das Safiental ist beides: grau und grün, düster und hell.

Die Kirche von Tenna. Anders
als manches Walsergebiet
ist das Safiental weitgehend
reformierten Glaubens.

Der vordere Talabschnitt ist
nur schwach besiedelt.

Rindern über den Safierberg nach Splügen, um von dort auf der Strasse nach Lugano zu gelangen, dem für sie bedeutendsten Viehmarkt.

Der Glaspass, im Volksmund «d' Stäga», führte hingegen nach Osten, über Glas und Tschappina – zwei von Safiern gegründeten Siedlungen – nach Thusis. Für die vordere Talhälfte lag der Glaspass bedeutend näher, und anders als der Safierberg liess er sich, ungeachtet der steilen und felsigen Passagen, selbst im Winter relativ einfach begehen, sogar mit Schlitten und Saumtieren. Über diese ganzjährige Verbindung zur Aussenwelt lief ein guter Teil des Warenaustausches sowie der gesamte Postverkehr.

Das änderte sich, wie erwähnt, als das Tal 1885 einen befahrbaren Anschluss ans kantonale Strassennetz im Norden erhielt. Mit ihm kam die Pferdepost, eine einspännige Kutsche. Ab 1928 übernahm ein offener, sechsplätziger Fiat-Motorwagen den Postdienst. Zumindest im Sommer. Denn im Winter, oft bis in den Mai hinein, blieb die Strasse wegen der Schneemassen für Fahrzeuge unpassierbar. Die Fahrt in der kalten Postkutsche von Versam bis Safien Platz dauerte dann mindestens vier Stunden, obwohl der Postillon angehalten war, die Lawinenzüge im Eiltempo zu traversieren. Erst mit dem Ausbau der Strasse für den Kraftwerksbau ab 1953 konnte die Kutsche durch einen kleinen Jeep abgelöst werden, während Tenna bis zum Winter 1964 auf das Pferdefuhrwerk angewiesen blieb.

Dennoch bedeutete die Strasse von Anfang an eine Erleichterung im Alltag der Safier. Die Hoffnung eines Einheimischen, sie möge auch «ä bitz meh Volch» bringen, erfüllte sich zwar nicht. Aber vielleicht trug sie dazu bei, die seit Jahrhunderten anhaltende Entvölkerung aufzuhalten: Tatsächlich blieb die Einwohnerzahl zwischen 1900 und 1960 einigermassen stabil bei knapp 600 – um später auf 400 ansässige Personen zu schrumpfen.

DAS BEDÜRFNIS
NACH IDENTITÄT

HÖCHSTER PUNKT
Bruschghorn, 3054 m

TIEFSTER PUNKT
Einmündung in den Vorderrhein, 618 m

HAUPTFLUSS
Rabiusa

HAUPTBAUMART
Fichte

SCHUTZGEBIETE
Naturpark Beverin, BLN-Gebiet Ruinaulta, Landschaftsschutzgebiete Beverin, Tomülpass und Signinagruppe, Waldreservate Aclatobel, Rhiihalda und Waldalp, Auengebiete Rabiusa Engi, Safien Platz-Carfil, Ruinaulta, Flachmoor Glaspass, Jagdbanngebiet Beverin

SIEDLUNGEN
Acla, **Tenna**, Neukirch, Gün, Zalön, Safien Platz, Camanaboda, Camana, Thalkirch, Inner Glas, Usser Glas

SCHÜTZENSWERTE ORTSBILDER
keine

DAUERHAFT BESIEDELT BIS ETWA
1850 m

TYPISCHE FAMILIENNAMEN
Buchli, Gartmann, Hunger, Joos, Juon, Zinsli

m empfehlenswerten Buch «Walserweg Graubünden» von Irene Schuler erwähnt der renommierte Alpenforscher Werner Bätzing eine Besonderheit der Walserkolonien: «Die Höhenlage ihrer Siedlungen, die ungünstigen Bedingungen, die schlechte Erreichbarkeit und die geringe Einwohnerzahl machen sie zu ganz besonderen Problemorten, die entweder zum Aussterben verurteilt scheinen oder die durch den Tourismus eine völlig neue Zukunft erhalten, weil die städtischen Besucher hier dasjenige Naturidyll zu finden meinen, von dem sie immer schon geträumt hatten. Aber die Walser sperren sich gegenüber beiden Entwicklungen: Sie bemühen sich trotz der neuen, so ungünstigen Rahmenbedingungen unter allen Umständen, in ihren Walserorten weiterzuleben, und in den Tourismusorten versuchen sie ihre Traditionen fortzuführen, ohne sie zur Folklore für die Touristen verkommen zu lassen.»

Wobei der Begriff «Walser» – heute allseits beliebt, gepflegt, vermarktet und doch auch ein wenig folklorisiert – erst seit wenigen Generationen identitätsstiftend wirkt. In seiner 2020 erschienenen Dissertation weist der Kulturanthropologe Christian Reichel darauf hin, dass vielerorts, gerade in Graubünden, vor der Gründung von Heimat- und Walservereinen «das Bewusstsein, Walser zu sein, keine grosse Rolle» spielte. Und zitiert den ehemaligen Präsidenten der Walservereinigung Graubünden, den Safier Mattli Hunger, mit den Worten: «Früher, da brauchte es gar keine Walservereinigung, weil der Einfluss von aussen gar nicht existiert hat. Das hat sich dann mit der Anbindung des Tals durch die Strasse und heutzutage mit den neuen Medien und dem Internet sehr verändert. Da besinnt man sich stärker auf das Eigene. Es ist tatsächlich ein gewisses Bedürfnis nach der eigenen Identität vorhanden.»

Als vor wenigen Jahren vier Studentinnen der ETH im Rahmen einer Projektarbeit das Safiental besuchten, stellten sie auch der Betreuerin des Heimatmuseums die Identitätsfrage: Bündnerin oder Walserin? Worauf Marie Blumer-Buchli «ohne zu zögern» geantwortet habe, «dass sie sich nicht als Bündnerin sehe, sondern als eine echte Walserin».

Das Walser Erbe lässt sich nicht nur im Museum entdecken. Es zeigt sich auch anderswo. Etwa in der Sprache, die sich deutlich vom Bündnerdeutsch (der Sprache des Churer Rheintals) unterscheidet und hörbare Ähnlichkeiten mit den Dialekten des Oberwallis aufweist. Oder in der ländlichen Architektur. Blockbauten sind zwar keine Erfindung der Walser, und das klassische Walserhaus existiert ebenso wenig. Dennoch erinnern die Safier Wohnhäuser, Hütten und Stadel bezüglich Aufbau, Materialien, Proportionen und Fassadengestaltungen augenfällig an jene des Goms – und heben sich stark ab von den Bauweisen benachbarter nicht-walserischer Regionen wie Schams, Domleschg, Heinzenberg oder Lugnez. Ziemlich typisch sind auch die unzähligen Ställe, die über das ganze Tal verstreut liegen: eine Folge des Walser Erbrechts, das den landwirtschaftlichen Betrieb nicht einem einzigen Erben zuschanzte, sondern unter allen berechtigten Nachkommen aufteilte. So entstanden im Laufe der Generationen immer kleinteiligere Güter und Parzellen, und damit immer mehr dezentrale Ställe und Scheunen.

202

UND DIE ZUKUNFT?

Von schönen Landschaften, schönen Häusern und Scheunen lässt sich nicht leben. Es braucht auch einen Erwerb. Die Landwirtschaft, wenngleich sehr bedeutend, reicht längst nicht mehr für alle aus. Was sich auch auf den öffentlichen Haushalt auswirkt: Zwar spült die Nutzung der Wasserkraft mit der Zentrale in Safien Platz und zwei weiteren Ausgleichbecken in Wanna und Egschi gutes Geld in die Gemeindekasse, ansonsten bleiben die Einnahmequellen auf eher dürftigem Niveau.

Naheliegend wäre der Tourismus. Lange Zeit sperrten sich viele Safier dagegen, nicht bereit, ihr Tal dem Rummel zu opfern – auch abgeschreckt durch die Entwicklung der nahen Region Flims-Laax. 2012 meinte Daniel Buchli, Revierförster und Grossrat: «Viele Bauern wollen keinen Tourismus, und die, die Tourismus wollen, wollen nur einen ganz sanften Tourismus.» Eine Skepsis, die das Entstehen von Arbeitsplätzen im Tourismus hemmte, gleichzeitig aber die Landschaft vor grossen Schäden bewahrte. Auf der Basis dieser intakten Natur scheint nun ein nachhaltiger und sanfter Tourismus zu keimen.

Einheimische ausgewanderte Heimweh-Safier und manche Unterländer, die sich dem Tal verbunden fühlen, ergreifen zunehmend Initiativen im Bereich der Beherbergung, der lokalen Wertschöpfung und der Pflege des überlieferten Erbes. Es sind keine hochfliegenden Pläne, sondern kleine Projekte. Wie der Selbstbedienungsladen Spensa in Safien Platz, der Spezialitäten und Handwerk aus der

Eines der vielen Tobel
unterhalb von Bruschg.
Die ganze Flanke heisst
nicht umsonst Ruchbärg.

Das Ausgleichsbecken
von Safien, eines von drei
im ganzen Tal.

Region anbietet. Oder der Verein Safier Ställe, der traditionelle Dachsanierungen
fördert und eine eigene Schindelwerkstatt gründete. Oder der Skilift in Tenna,
der seit 2011 mit Solarstrom fährt – angeblich eine Weltpremiere. Auch die Kultur bewegt sich: So lädt Art Safiental alle zwei Jahre Künstlerinnen und Künstler
dazu ein, «im Dialog mit der Landschaft und Natur temporäre Werke» zu schaffen,
«die im ganzen Safiental frei zugänglich und unentgeltlich präsentiert werden».
Und das jährlich stattfindende Open-Air-Festival wirbt mit rockigen Sprüchen
wie «Nicht am Arsch der Welt, sondern am Busen der Natur» oder «ein Erlebnis fernab von Zäunen und Menschenschlangen». Zudem trägt das Safiental den
Naturpark Beverin mit und beteiligt sich am Projekt «Jugendfreundliche Bergdörfer» der Schweizerischen Arbeitsgemeinschaft für das Berggebiet. Besonders
sichtbar sind die in den letzten Jahren hinzugekommenen Strukturen wie Bed and
Breakfast, stilgerecht umgebaute Ferienwohnungen, Maiensässhütten, Hofbeizli
und Hoflädeli – allesamt erfrischende Angebote, die den Tourismus beleben.

Das Safiental erneuert sich derzeit, zweifellos. Und zwar so, wie es die Bergbauern seit je machen: in kleinen, aber gut gesetzten Schritten. Ob das Tempo
reichen wird, um die Abwanderung zu stoppen, wird sich weisen.

WO, WIE, WAS?

Bäch bei Thalkirch.

ANREISE Mit der Bahn nach Versam-Safien und weiter mit dem Postauto ins Safiental. Tenna wird ebenfalls durch eine Postautolinie bedient. Mit dem Auto erfolgt die Anreise von Osten her, via Bonaduz, oder von Westen her, über Ilanz.

BESONDERE ORTE Die Kirchen in Tenna und Thalkirch | Camanaboda und das dortige Safier Heimatmuseum (Mai–Oktober jeweils am zweiten und vierten Sonntag im Monat von 12 bis 15 Uhr oder auf Anfrage) | Rheinschlucht, bei der Mündung des Safientals in den Vorderrhein | Kraftwerkzentrale Safien (im Sommer geführte Besichtigungen, www.kwz.ch)

ANLÄSSE Art Safiental, alle zwei Jahre, www.artsafiental.ch | Open Air Safiental, jeweils im Juli, www.openair-safiental.ch

BESONDERE UNTERKÜNFTE Klein-Hotel Nühus in Bruschgaleschg oberhalb von Safien Platz | Gasthaus Rathaus in Safien Platz | Berghotel Alpenblick in Tenna | Gasslihof in Thalkirch | Dazu einige B&B (z.B. das Edelweiss in Safien Platz)

THEMENWEG Sagenweg Safiental, vom Talschluss bei Enthälb via Thalkirch und Camaner Hütta nach Safien Platz

EINKAUFEN Safien Platz: Dorfladen, Selbstbedienungslädeli Spensa und Genossenschaftsmetzgerei | Tenna: Dorfladen und zwei Hoflädeli (www.hofstatt.ch, www.biohof-casutt.ch) | Thalkirch: Direktverkauf Gasslihof

WANDERFÜHRER Irene Schuler, «Walserweg Graubünden», Rotpunktverlag 2017 | Elisabeth Bardill/Maria Hunger-Fry/Barbara Steinmann, «Safiental – Ruinaulta», Terra Grischuna 2008

LESETIPPS Das Selbstbedienungslädeli Spensa in Safien Platz bietet eine Auswahl an interessanten Büchern und Broschüren mit Bezug zur Talgeschichte.

INFORMATIONEN Safiental Tourismus in Versam, Telefon 081 630 60 16, www.safiental.ch | Infostellen (Selbstbedienung) in Versam-Safien Station, Tenna (Volg-Laden) und Safien Platz (Gemeindehaus)

Im unteren Teil des Versamer Tobels. Kurz darauf mündet die Rabiusa in den Rhein, und dort endet das Safiental.

VON SAFIEN PLATZ ZUM TURRAHUS

VIEL HIMMEL AUF DER SCHÖNSTEN ETAPPE DES WALSERWEGS SAFIENTAL. UNTERWEGS KOMMEN WIR AN DEN HANGSIEDLUNGEN VON CAMANA VORBEI.

CHARAKTER Zumeist Strässchen und breite Flurwege. Etwas steiler wird der Weg einzig beim allerersten Aufstieg, unmittelbar nach Safien Platz (T1/T2). Die Route ist auf Wegweisern mit der Nummer 735 gekennzeichnet.
WANDERZEIT 3¾ Std., in der Gegenrichtung ½ Std. kürzer
AUSGANGSPUNKT Safien Platz (1315 m)
ENDPUNKT Turra (1694 m)
ROUTE Von Safien Platz auf der Hauptstrasse taleinwärts zu einer Brücke ausgangs Dorf. Gleich danach rechts auf spärlich markiertem Bergweg den Wald hinauf, später auf einer Nebenstrasse (teils geteert) zum Weiler Hof. Es folgt ein halbstündiger Waldabschnitt auf einer Teerstrasse zum Camanaboda. Vom oberen Dorfrand nordwärts ausholend über Weiden hinauf zur Camaner Hütta. An vielen schönen Ställen vorbei zum Ende der Alpsiedlung, wo der sanfte Abstieg beginnt. Er führt über Weiden, durch den Camaner Wald, zu den Bächer Hütta – hier ist der Pfad kurz etwas undeutlich, auf Markierungen achten – und durch den schönen Bawald (Bannwald) nach Thalkirch. Dort bei der Brücke zum flussnahen Fussweg und an der Rabiusa entlang zur Haltestelle Turahus.

GLASPASS

DIE EINST WICHTIGSTE VERBINDUNG DES SAFIENTALS ZUR AUSSENWELT, «D' STÄGA». SIE EIGNET SICH IDEAL ZUM ABSCHLUSS EINES AUSGEDEHNTEN TALBESUCHS.

CHARAKTER Der Weg führt durch steiles und stellenweise exponiertes Gelände, ist aber gut ausgebaut, gesichert und technisch einfach (T2).
WANDERZEIT 2 Std., in der Gegenrichtung ½ Std. kürzer
AUSGANGSPUNKT Safien Platz (1315 m)
ENDPUNKT Glaspass (1845 m)
Die Postautohaltestelle mit Unterstand und Toilette befindet sich etwas östlich der Passhöhe.
ROUTE Von Safien Platz den Wegweisern folgend zum Ausgleichsbecken, links an diesem vorbei und sogleich in steilen Serpentinen den Chilchawald hinauf. Nach einer Weile erreicht man eine kleine Felsschlucht. Dort schraubt sich der Weg zuerst etwas hoch, um dann die Runse nach rechts zu queren. Kurz darauf lässt die Steilheit nach. Durch Wald und über Wiesen kommt man zu einer lieblichen Kuppe mit Scheune und etwas später zum prächtig gelegenen Weiler Inner Glas. Ein geteertes Strässchen traversiert schliesslich fast waagrecht zum Glaspass, wo sich ein Berggasthaus befindet.
VARIANTE Eine lohnende Zusatzschlaufe führt vom Glaspass auf markiertem Weg zum Glaser Grat hoch – mit schönem Blick aufs Safiental – und über die Weiden der Bruchalp zum Pass zurück (T2, 2 Std. länger).

TENNER CHRÜZ

STEILER WALD, EIN PRÄCHTIGER AUSSICHTSPUNKT, SANFTES WEIDEGELÄNDE, SONNENGEGERBTE STÄLLE UND SCHEUNEN: ALLES TYPISCH SAFIENTAL.

CHARAKTER Der Aufstieg durch den Wald zum Chrüz ist ein typischer Bergweg, alles Übrige liebliches Wandergelände (T2).
WANDERZEIT 2½ Std.
AUSGANGS-/ENDPUNKT Tenna (1643 m, Haltestelle Post)
ROUTE Von Tenna zum Dorfteil Ausserberg (mit Skilift) und hinauf zur ersten Haarnadelkurve, wo man die Strasse verlässt und auf einem markierten Bergweg mit etwas Auf und Ab zur Abbruchkante des Aclatobels wandert. Dort beginnt der Weg entschlossen zu steigen und windet sich durch Wald und Lichtungen, zuletzt an einem Tümpel vorbei, zum Tenner Chrüz (2015 m). Die Aussicht umfasst das ganze Safiental und einen guten Teil Nordbündens. Weiter auf gutem Pfad über sanfte Wiesen südwärts hinab. Später verbreitert sich der Weg zu einem Flursträsschen und erreicht die Alp Bleichtaboda. Nun statt auf der Strasse auf dem abkürzenden Weg via Ober Hütta nach Under Hütta. Nach einem kurzen Stück auf der Strasse in der nächsten, lang gezogenen Kurve erneut abzweigen und auf einem schönen Wiesenweg direkt zur Kirche von Tenna und zum Ausgangspunkt zurück.
VARIANTE Vom Chrüz kann man einen Abstecher zum höheren Schlüechtli einbauen, wo der Blick auch nach Westen frei schweben kann (T2, hin und zurück rund 1¼ Std.).

LEBEN
IM LAWINENTAL

Bei Skitourenfahrern ist
St. Antönien besonders
beliebt.

Verbautes Chüenihorn.

DER WEISSE TOD

Das Tal hat zwei Gesichter. Ein liebliches und ein grimmiges. Das grimmige erkennt man im Hintergrund, beim Talschluss. Dort endet die Landschaft abrupt, stösst an steil aufragende Wände aus grauem Kalk. «Von erdrückender Mächtigkeit ist die Sulzfluh, von dämonischer Wildheit die Drusenfluh. Kein grünendes Band, keine Vegetation; nichts als starrender Fels, totes Gestein», so Ludwig Schröter, Zürich, in einem Beitrag für die Illustrierte «Die Schweiz» von 1898. «Ein Bild wildester Zerstörungswut, dann am Fuss der beiden Steinriesen ein weites Trümmerfeld. Ein fortwährendes Verwittern und Abbröckeln kleiner und grosser Felsstücke hat dieses steinerne Meer geschaffen.» Das Ganze nichts als eine «monotone tote Hochgebirgsrundsicht».

Das liebliche steht weiter vorn, wo die Menschen in Streusiedlungen wohnen. Weiche Kuppen und Hänge, da und dort ein Tälchen oder eine Bodenwelle. Grüne Weiden mit Blumen bis zuoberst, zwischendurch mal ein Stück Wald. Aber kaum ein Fels, der die sanfte Textur des Geländes stören könnte. «Warmes Leben lacht einem entgegen; satte Farbentöne in reicher Mannigfaltigkeit, hell schimmernde Matten.» Alles in allem «ein weites Wiesenthal, besäet mit den dunkeln Holzhäuschen von St. Antönien», mit einigen Nebentälern bestehend «aus lauter poesie- und reizvollen Bildchen».

Das Tal hat zwei Gesichter, ein liebliches und ein grimmiges. Es ist das liebliche, das den St. Antöniern das Fürchten lehrte. Denn wo im Sommer das Gras spriesst, sammelt sich im Winter der Schnee an. Meter um Meter. Und wenn er zu mächtig wird, saust er auf den ebenmässigen Flanken ungehindert in die Tiefe – als schnelles Schneebrett, als schwere Nassschneelawine, als rasende Pulverschneewolke. Als weisser Tod.

Entsprechend oft berichten die Dorfchroniken von Lawinenunglücken. In den letzten 300 Jahren kosteten sie mehr als sechzig Menschen und mehreren Hundert Nutztieren das Leben. Rund 300 Gebäude wurden beschädigt oder vollständig zertrümmert. Die erste überlieferte Tragödie ereignete sich am 31. Januar 1689: Eine riesige Schneemasse, durchsetzt mit entwurzelten Bäumen, tötete auf einen Schlag zwölf Menschen.

Im Februar 1720 löschte eine Lawine vier Leben aus und verwüstete das Dörfji im Seitental Gafia, möglicherweise die Ursiedlung des Tals – hier sollen sich um 1330 die ersten Walser niedergelassen haben. Daraufhin gaben viele Einwohner den Weiler auf und verbrachten den Winter fortan weiter unten im Tal. 1731, 1737, 1756, 1776, 1797, 1807, 1812, 1827, 1842, 1852, 1868, 1895, 1918 und 1919 wurden im Tal weitere Lawinenopfer zu Grabe getragen. 1935 dann gleich sieben aufs Mal.

Gefährlich waren die Hänge nicht nur aufgrund ihrer Beschaffenheit, sondern auch wegen der fehlenden Schutzwälder. Während Jahrhunderten wurde gerodet und abgeholzt, und die vielen Ziegen frassen alles ab, was in die Höhe hätte wachsen und den Schnee aufhalten können. Zwar begann man ab etwa 1800, besonders gefährdete Häuser und Ställe baulich zu schützen. Bergseitig brachte man einen massiven Keil an, um die Lawine zu teilen und damit um das Gebäude herum zu lenken, oder schüttete ein Ebenhöch auf, damit die Schneemassen ungehindert über das Haus hinwegfegen konnten, statt es mitzureissen oder das Dach wegzutragen. Bei grösseren Lawinen reichten solche Massnahmen aber nicht.

Dann kam der Lawinenwinter 1951. Zwei grosse Schneefälle, je einer im Januar und im Februar, töteten im ganzen Alpenraum etwa 240 Menschen. In der Schweiz gingen 1300 Schadenlawinen nieder. Dabei starben fast hundert Personen, drei Viertel davon in Gebäuden. In Vals waren es 19, in Andermatt 13, in Airolo zehn.

St. Antönien wurde für einmal nicht ganz so hart getroffen. Gemäss einem Bericht des Instituts für Schnee- und Lawinenforschung dürften drei Gründe dazu beigetragen haben: «Einmal sind die dortigen Lawinenhänge steil, sodass die Schneemassen beim vorhandenen Schneedeckenaufbau schon bei mässiger Überlastung und damit mehrmals abstürzten; dann haben die Direktschutzbauten, wenn auch nicht überall, so doch in mehreren Fällen die Totalzerstörung einzelner Gebäude verhindert; schliesslich war die grosse Gefahr den Einwohnern bekannt, und so konnten vorsorgliche Massnahmen getroffen werden. So hatte man schon seit drei Tagen die Schulen geschlossen, jeglichen unnötigen Verkehr vermieden und am Sonnabend auch das Einläuten des kommenden Sonntags unterlassen. Der Hauptabsturz erfolgte am 20. Januar um 21.30 Uhr vom grossen Hang zwischen Kühnihorn-Tschatschuggen. Die Schneemassen ergossen sich zwischen Platz und Meierhof zu Tal, zerstörten oder beschädigten neun Häuser, zwanzig Ställe und dreizehn weitere Gebäulichkeiten; zudem lagen unter den Trümmern zehn Personen und gegen hundert Stück Vieh. Auf wunderbare Weise entging die siebenköpfige Familie Konrad Flütsch dem Tode; der Oberteil ihres Hauses, durch ein ‹Ebenhöch› nur ungenügend geschützt, wurde von der Lawine weggerissen. Ein Teil des Daches fiel auf die kleine Stube nieder, deren mächtiger Steinofen standhielt und die um ihn gescharte Bergbauernfamilie vor dem Lawinentode rettete. Auch aus den Trümmern des Hauses Ladner konnten die beiden Töchter lebend, wenn auch verletzt, geborgen werden. Dagegen fand der 74-jährige Knecht Jakob Caduff mit seinem Vieh den Tod. Für die dringendsten Instandstellungsarbeiten in St. Antönien wurden Truppen eingesetzt. Das Dorf blieb eine Woche ohne Telephon und einen Monat ohne elektrisches Licht.»

HÖCHSTER PUNKT
Madrisahorn, 2825 m

TIEFSTER PUNKT
Untere Grenze der ehemaligen Gemeinde St. Antönien bei Im Frösch, 1170 m

HAUPTFLÜSSE
Schanielabach, Gafierbach

HAUPTBAUMART
Fichte

SCHUTZGEBIETE
BLN-Gebiet Plasseggen-Schijenflue, Flachmoor Capelgin/Leng Ried, Landschaftsschutzgebiet Rätikon

SIEDLUNGEN
Aschüel, Schwendi, **Platz**, Meierhof, Rüti, Stapfa, Partnun, Ascharina

SCHÜTZENSWERTE ORTSBILDER
keine

DAUERHAFT BESIEDELT BIS ETWA
1760 m

TYPISCHE FAMILIENNAMEN
Egli, Engel, Flütsch

Sanftes Gelände bei
Carschina: ideal für Schnee-
schuhe.

Im Jahr 1925 überfliegt **DER BERÜHMTE PILOT UND GELERNTE FOTOGRAF WALTER MITTELHOLZER** die Landschaft rund um St. Antönien, um sie mit der Kamera festzuhalten. Sein Luftbild zeigt im Hintergrund die hellen Felsbastionen von Drusenfluh und Sulzfluh. Dazwischen, vorgelagert, macht sich die dunkle und scheinbar harmlose Kuppe des Chüenihorns breit. Und an dessen Fuss wiederum kauert eine kompakte Häusergruppe, die sich um die Kirche von St. Antönien Platz gruppiert. Die kleine Siedlung ist zum Zeitpunkt der Aufnahme weder durch einen geschlossenen Bannwald noch durch künstliche Verbauungen geschützt. Lawinen konnten somit aus der tausend Meter hohen Grasflanke ungehindert bis in die Talsohle vordringen und die dort lebenden Menschen bedrohen.

MODERNER
LAWINENSCHUTZ

D er Lawinenwinter 1951 erschütterte die ganze Schweiz und löste eine landesweite Solidaritätswelle aus. Eine vom Roten Kreuz lancierte Sammelaktion brachte nebst vielen Sachspenden insgesamt 14 Millionen Franken ein. Ein Teil davon floss nach St. Antönien, das die grössten Gebäudeschäden erlitten hatte.

Auch die Politik reagierte rasch. Sie erklärte den Schutz der Siedlungen vor Lawinen zur öffentlichen Aufgabe und stellte die nötigen Mittel in Aussicht. Gleichzeitig setzte sich auf technischer Ebene die Erkenntnis durch, dass die bis dahin erstellten massiven Steinmauern wenig taugten und rasch durch moderne Stützwerke in den potenziellen Anrissgebieten ersetzt werden mussten.

Im Fall von St. Antönien flammte zunächst eine Diskussion auf, ob es nicht klüger wäre, den Bauernfamilien zu einer Umsiedlung zu verhelfen, statt die Höfe in den Gefahrenzonen wiederaufzubauen. Doch davon wollten die Einheimischen nichts wissen. Und so entstand ab 1953 oberhalb des Hauptdorfs, am Chüenihorn und am Tschatschuggen, eine der grössten Lawinenverbauungen der Schweiz.

Das nötige Geld kam vor allem aus Bern und Chur, die Arbeiter aus Italien. Und die Betonelemente aus Adliswil, aber die erwiesen sich als wenig beständig und mussten später durch Stahl ersetzt werden. Die verbauten Schneebrücken erreichen mittlerweile eine Gesamtlänge von über 16 Kilometer, die Kosten summierten sich auf mehr als 20 Millionen Franken. Schaut man zum Eggberg hoch, auf der gegenüberliegenden Talseite, entdeckt man weitere Verbauungen.

Lawinen gelten als unsichtbare Gefahr. Nicht so an den Hängen oberhalb von St. Antönien: Dort sieht selbst der Laie die Bedrohung. Die langen Stahlstützenreihen, die das Dorf vor weiteren Tragödien bewahren sollen, sprechen eine deutliche Sprache. Mit ihrer ganz eigenen Erscheinung prägen sie das Landschaftsbild, und ihre seriellen Gitterstrukturen, die das Gelände am Berg nachzeichnen, besitzen durchaus eine gewisse Ästhetik. «Eine titanische, ja monströse Schönheit» – so treffend bringt es die Autorin und Kunstkennerin Nadine Olonetzky auf den Punkt, in ihrem Vorwort zu einem Bildband über die St. Antönier Lawinenschutzbauten.

Mit ihrer spürbaren Präsenz senden die Stützwerke zwei widersprüchliche Signale aus: Einerseits vermitteln sie ein Gefühl von Sicherheit dank technischem Schutz, gleichzeitig erinnern sie permanent an die mögliche Gefahr. Denn vollständig gebannt ist das Risiko nicht – beispielsweise wenn die Verbauungen vollständig zugeschneit werden und ihre Wirkung einbüssen, oder wenn Lawinen weiter unten anreissen. Deshalb befinden sich grosse Teile des Siedlungsgebiets von St. Antönien gemäss Gefahrenkarte in der roten Zone, was einer erheblichen Gefährdung entspricht. Neu bauen darf man dort nichts mehr, sanieren und erneuern nur unter strengen Auflagen. Der Platz rund um die Kirche befindet sich in der blauen Zone, jener mit mittlerer Gefährdung: Nicht einmal dort können sich die Menschen also vollständig sicher fühlen. So kommt es im Winter immer wieder vor, dass Strassen und Wege gesperrt werden und die Leute angewiesen, ihre Häuser nicht zu verlassen. Dann haben die Kinder auch schulfrei.

Derzeit werden die Verbauungen am Chüenihorn saniert und erweitert, unter Einbezug der Erkenntnisse des Eidgenössischen Schnee- und Lawinenforschungsinstituts SLF. «Wir wissen durch die langjährigen Messungen des SLF und Datenauswertungen, dass sich das Gefahrengebiet verändert hat und wir den Lawinenschutz im Siedlungsgebiet ausweiten müssen», erläuterte der zuständige Gemeindevorstand Jann Flütsch dem «Blick» im Januar 2020. Und fügte an: «Ein Restrisiko bleibt immer.»

SKITOUREN
STATT SKIPISTEN

Nicht mit Restrisiko, sondern mit «Hinter dem Mond, links» wirbt das touristische St. Antönien. Der freche Slogan hat seine Wirkung nicht verfehlt, viele kennen ihn. Dabei kokettiert er mit einer Abgelegenheit, die eigentlich gar nicht so richtig zutrifft. Wer von Norden anreist – also die meisten Besucher –, erreicht das kleine Dorf im Rätikon schneller als manche Hochburg der Bündner Fremdenindustrie wie Davos, Arosa oder das Engadin. Ganz zu schweigen vom Puschlav oder Bergell: Wären die dann hinter dem Jupiter rechts?

Was aber stimmt: Keine gröbere Installation trübt das Auge, weder Bergbahnen noch planierte Pisten oder Drehrestaurants. Das hätte durchaus anders kommen können. Kürzlich berichtete der Journalist Helmut Scheben von Plänen, die

An Schnee mangelt es
in St. Antönien selten ...

... und manchmal ist er auch
pulvrig.

Ende der 1980er-Jahre eine grosse Skiarena bis hinüber ins vorarlbergische Gargellen vorsahen. Und von einem Informationsabend im Gasthaus Bellawiese. «Die einen waren für das Skigebiet, die andern dagegen. Trotz dichtem Tabakqualm und Bierkonsum zeichnete sich bald ein ernüchternd klares Bild ab: Das Projekt Skigebiet Schollberg war für die 370-Seelen-Gemeinde ein paar Nummern zu gross.» Die hochtrabenden Pläne verpufften rasch, es blieb beim familiären Skilift in Dorfnähe. «Mit dem unerwarteten Aufschwung des naturnahen und kulturnahen Tourismus ist das kleine Dorf eine bekannte Destination für alle geworden, die keine Bergbahnen brauchen: Schneeschuhläufer, Skitourengeher, Schlittenfahrer, Winterwanderer. St. Antönien ist bekannt und geschätzt bis nach Brüssel, Hamburg und Amsterdam. Die kleine Gemeinde, die kein Geld für grosse Investitionen hatte, steht finanziell solider da als viele, die alles auf die Karte Skilifte setzten und heute nach Steuergeldern für Schneekanonen rufen.»

Es sind Tagesausflügler, die das Gros der Besucher ausmachen. Sie reisen morgens an, unternehmen etwas, kehren vielleicht irgendwo ein, und spätnachmittags fahren sie wieder heim. Viel wird das Dorf davon kaum haben, abgesehen von den Einnahmen der kostenpflichtigen Parkplätze, die sich über den Talboden verteilen, nummeriert von P1 bis P32. Der rege Freizeitverkehr scheint dem Ruf des Tals aber nicht zu schaden: Es gilt weiterhin als naturnah, als Beispiel für sanften Tourismus. «Aus der Vogelschau hat man das Gefühl, auf einer Postkarte von 1920 gelandet zu sein. Oder in einem Heidifilm», so Scheben.

Und so wuselt es an schönen Wochenenden und Feiertagen. Im Sommer auf allen Wanderwegen, in vielen Felswänden und auf den Klettersteigen, von denen es hier gleich mehrere gibt. Im Winter sind Hunderte mit Tourenski und Schneeschuhen unterwegs, auf der Suche nach Pulverschnee. Ausser bei grosser Lawinengefahr: Dann bleiben die meisten Gäste lieber im sicheren Unterland.

Das können die St. Antönier in der roten und blauen Zone nicht. Aber sie können auf ihre lange Erfahrung und auf die Anordnungen der örtlichen Fachleute vertrauen. Und auf die titanischen, monströsen Schönheiten weit oben an Chüenihorn und Eggberg.

215

Stahlschneebrücken sichern
auch die Hänge am Eggberg.

WO, WIE, WAS?

Weiche Geländeformen
am Fuss des Spitzenbüels.

ANREISE Vom Bahnhof Küblis im Prättigau führt eine Postautolinie direkt nach St. Antönien – je nach Verbindung bis zum Platz (dem kleinen Dorfplatz) oder noch einen Kilometer weiter bis Rüti. Im Sommer und Herbst verkehrt ein Kleinbus weiter nach Partnun, Gafia und zum Bärgli am Chüenihorn (siehe www.busalpin.ch). Für die zahlreichen Autofahrer besteht eine klare Parkplatzregelung (kostenpflichtig).

BESONDERE ORTE Ortsmuseum St. Antönien, am Platz (www.kultur-gruppe.ch) | Partnunsee (bei Nebel fast noch schöner) | Die Felsnadel des Schijenzahns oberhalb des Partnunsees | Die verstreuten Holzställe der Meder (am Fuss der Sulzfluh) | Die Karstlandschaften der Sulzfluh, der Gruoben und der Wiss Platte (zwischen Gruoben- und Plasseggenpass)

ANLÄSSE Rätikon-Schwinget St. Antönien (alle zwei Jahre im Juni) | Volksmusik-Ferienwoche mit verschiedenen Stubetä und Schlusskonzert (Juli) | Schärmenparty (Volksmusik im Garschina-Untersäss unterhalb Partnun, August)

BESONDERE UNTERKÜNFTE Berggasthaus Gemsli in St. Antönien Platz | Berghotel Wanna in Ausserascharina | B & B Herberge Ascharina | Berghaus Edelweiss in Gafia | Berghäuser auf Partnun (Sulzfluh und Alpenrösli) | Carschinahütte

EINKAUFEN Dorfladen ausgangs Platz | Mehrere Hoflädeli in St. Antönien und Gadenstätt

WANDERFÜHRER François Meienberg, «Hinauf ins Rätikon», Rotpunktverlag 2009

LESETIPP Kaspar Thalmann, «Oder das Tal aufgeben. Die Lawinenschutzbauten von St. Antönien», Scheidegger & Spiess 2015

INFORMATIONEN Gästeinformation und Ferienladen St. Antönien, gegenüber der Haltestelle Platz, Telefon 081 332 32 33, www.pany-stantoenien.ch

Rund um Partnun. Was man im Winter nicht sieht: das Netz an Erschliessungsstrassen und Alpwegen.

VOM STELSERBERG NACH ST. ANTÖNIEN

EINE ELEGANTE ANNÄHERUNG AUS DEM PRÄTTIGAUER HAUPTTAL – SOZUSAGEN DURCH DEN HINTEREINGANG, VON WALSERSIEDLUNG ZU WALSERDORF.

CHARAKTER Sehr einfache Bergwanderung durch liebliche Landschaften (T1/T2). Viele Feuchtgebiete – empfehlenswert sind Wanderschuhe, die sich nicht gleich mit Wasser vollsaugen.

WANDERZEIT 3 Std.

AUSGANGSPUNKT Stelserberg (1470 m, Haltestelle Stels/Mottis)

ENDPUNKT St. Antönien Platz (1418 m)

ROUTE Von Mottis (Berggasthaus) eine Viertelstunde auf der Strasse bergwärts zu einer Linkskurve. Dort, entgegen der Angabe auf dem Wegweiser, den rechts abzweigenden Pfad (Pardiela, Schaftobel) wählen, später den linken. Über eine schöne Ebene und an einigen Ställen vorbei gelangt man so via Junker zum Stelsersee. Der Weg holt nun etwas nach links aus und führt auf den Nordwestrücken des Chrüz. Auf diesem zu einem Sattel, wo man den Grat nach links verlässt. In leichtem Auf und Ab zu einer weiteren Gabelung: hier nicht nach Valpun, sondern auf dem unteren Weg hinab. Nach einer Weile erreicht man die Wiese am Rand des Grossrieds, dann ein Waldstück und kurz darauf das unerwartete Moor von Capelgin, dessen nässeste Stellen mit Laufbrettern ausgelegt sind. Weiter zu einem Grill- und Picknickplatz und zu den ersten Höfen von Aschüel. Der restliche Abstieg nach St. Antönien Platz ist weitgehend geteert, aber schnell erledigt.

CARSCHINAHÜTTE

PARTNUN(SEE) UND CARSCHINAHÜTTE SIND SEHR BELIEBTE AUSFLUGSZIELE, EINSAM WIRD MAN DORT NICHT. DIE BELIEBTHEIT KOMMT ABER NICHT VON UNGEFÄHR.

CHARAKTER Leichte Bergwanderwege (T2). Den Fahrplan des Bus alpin im Auge behalten, da die Kurse spärlich sind. Je nach Verbindungen kann sich die Tour auch in umgekehrter Richtung empfehlen.

WANDERZEIT 3 Std.

AUSGANGSPUNKT Partnun (1775 m, Haltestelle Alpenrösli)

ENDPUNKT St. Antönien Bärgli (2134 m)

ROUTE Mit dem Bus alpin von St. Antönien nach Partnun. Beim Gasthof Alpenrösli setzt der Wanderweg nordwärts an. Einen ersten Wegweiser Richtung Carschinahütte nicht beachtend, gelangt man rasch zum meist sehr gut besuchten Partnunsee (mit Ruderboot und Grillplatz). Links an diesem vorbei zu einer Abzweigung, wo man die links ansteigende Spur einschlägt und in der Falllinie zügig an Höhe gewinnt – fast bis zu den Felswänden der Sulzfluh. Via Sulz, über eine Hochebene und zuletzt durch ein Felssturzgebiet (die «Ganda») zur Carschinahütte (2229 m). Von der Hütte auf nahezu waagrechtem Bergweg durch mehrere Geländefalten zum Carschinasee (auch der mit Ruderboot und Grillplatz) und um eine Kante herum zum Bärgli, am Rand der Lawinenverbauungen des Chüenihorns. Bei guter Planung taucht bald der Bus alpin auf (zu Fuss nach St. Antönien wären es 1½ Std.).

TILISUNAHÜTTE

EIN AUGENSCHEIN IM WEITEN KARSTKESSEL DER GRUOBEN, EIN BLICK IN ZWEI HÖHLEN UND EINE STIPPVISITE BEI DEN NACHBARN IN VORARLBERG.

CHARAKTER Zwischen Tritt und Grüen Fürggli anspruchsvoll mit einigen Felsstufen (T3), ansonsten recht einfache Bergwanderung

WANDERZEIT 3¾ Std.

AUSGANGS-/ENDPUNKT Partnun (1775 m, Haltestelle Alpenrösli)

ROUTE Wie oben beschrieben zum Partnunsee. Links am See vorbei und allmählich ansteigend Richtung Talabschluss. Beim Wegweiser Tritt (2043 m) bieten sich drei Routen an. Besonders lohnend ist die linke, die über mehrere Stufen an Höhe gewinnt und auch mal mit einem lottrigen Fixseil «gesichert» ist. Unterwegs kommt man an drei Höhlen vorbei. Seehöli und Chilchhöli lassen sich ein Stück weit erkunden (Taschenlampe nötig, bei der Seehöli auch Kraxelgeschick). Die dritte, die Abgrundhöli, ist dagegen nichts für Wanderer. Anschliessend traversiert der Weg nach rechts zum Grüen Fürggli und verliert sich dann etwas in den grünen Weiden, doch auch querfeldein lässt sich die Tilisunahütte (2208 m) gut erreichen. Für den Rückweg lohnt sich der einfachere Weg via Tilisunafürggli und dann im Gruobenkessel die linke Variante. Sie mündet beim Tritt in den bereits bekannten Weg, auf dem man nach Partnun zurückwandert.

VARIANTE In Partnun ein Trottinett ausleihen und damit nach St. Antönien flitzen.

DANK

All jenen, die bei der Recherche mithalfen und mir Einsichten in ihre Täler gewährten, ganz besonders Rita Kalbermatten-Ebener, Thomas Antonietti, Josef Schuler, Virginie Gaspoz und Roberto Grizzi.

Danke auch dem Team des AT Verlags, namentlich Urs Hunziker für die wohlwollende Unterstützung und Monika Schmidhofer für die umsichtige Koordination. An Karin Steinbach Tarnutzer für das sorgfältige Lektorat. Und an Carla Schmid für die glückliche grafische Umsetzung.

221

DER AUTOR

Marco Volken (1965) ist als Oberwalliser in Mailand geboren, in Lugano aufgewachsen und seit Langem in Zürich sesshaft. Seit seiner Jugend durchstreift er die Alpen, seit einem Vierteljahrhundert hauptberuflich als freier Fotograf und Autor. Seil, Pickel und Kamera gehören zu seinen Werkzeugen, dazu ein Notizblock und eine ausgeprägte Neugier für Menschen und Geschichten.

WWW.MARCOVOLKEN.CH

Isenthal.

JAUN

KIENTAL

LÖTSCHENTAL

BINNTAL

HAUT VAL D'HÉRENS

VAL FERRET

ST. ANTÖNIEN
V

ISENTHAL
V

SAFIENTAL
V

VAL BAVONA
V

VAL CALANCA
V

VAL BREGAGLIA
V

VALLE ONSERNONE
V

VAL COLLA
V

VALLE DI MUGGIO
V

Die historischen Abbildungen stammen aus folgenden Quellen:

Seite 17: Zentralbibliothek Zürich

Seite 30: Zentralbibliothek Zürich

Seite 45: Aus: Ursula Bauer, Jürg Frischknecht: «Ein Russ im Bergell», Desertina Verlag 2007

Seite 60: Aus: Giorgio Tognola: «L'occhio dell'ingegnere. Fotografie del Moesano 1918–1940 di Oskar Good», Fondazione Museo Moesano, Fondazione Archivio a Marca e Archivio regionale Calanca 2014

Seite 74: Archivio Club Alpino Svizzero Sezione Ticino

Seite 89: Aus: «Die Clubhütten des Schweizer Alpen-Club», Lausanne 1928

Seite 101: Bildarchiv ETH-Bilbiothek Zürich

Seite 113: Bildarchiv ETH-Bilbiothek Zürich

Seite 126: Aus: Ernst Gladbach: «Die Holz-Architectur der Schweiz», Orell Füssli 1885

Seite 144: Wikimedia Commons

Seite 153: Lötschentaler Museum, Thomas Andenmatten

Seite 166: Aus: Paolo Crivelli e Silvia Ghirlanda: «La Scoperta del Monte Generoso», Museo etnografico della Valle di Muggio 2011

Seite 186: Collezione Luciano Chiesa, Museo Onsernonese Loco

Seite 196: Aus: Mattli Hunger: «Vom Safierberg in die Rheinschlucht. Wege und Strassen in Safien einst und jetzt», Walservereinigung Graubünden 2007

Seite 211: ETH-Bibliothek Zürich, Bildarchiv/Stiftung Luftbild Schweiz

Umschlag Vorderseite: Cà, das Haus. Valle Onsernone.
Umschlag Rückseite: Unterwegs nach Scudellate. Valle di Muggio.
Bildseite 2: Val Bavona.
Bildseite 4: Kiental.

© 2020
AT Verlag, Aarau und München
Lektorat: Karin Steinbach Tarnutzer, St. Gallen
Fotos: Marco Volken
Übersichtskarte: Schweizer Landeskarte, Bundesamt für Landestopografie
Grafische Gestaltung und Satz: Carla Schmid, AT Verlag
Druck und Bindearbeiten: Graspo CZ, a.s.
Printed in Czechia

ISBN 978-3-03902-060-7

www.at-verlag.ch

Der AT Verlag wird vom Bundesamt für Kultur mit einem Strukturbeitrag für die Jahre 2016 bis 2020 unterstützt.